전국의 146명 선생님들의 내공이 담겨 수학의 고수가 완성됐습니다!

"아이들이 고난도 문제까지 차근차근 도달할 수 있도록 **단계별로 잘 구성한 교재입니다.** 다음에 배울 내용도 잘 정리되어 있어 **상위권 친구들에게 많은 도움**이 될 것 같습니다." - 이은희 선생님 -

"수학적 사고를 필요로 하는 문항들이 많아서 **자연스럽게 수학 실력을 길러주는 강점을 가진 책**이라 **꼭 풀어보길** 권하고 싶습니다." - 권승미 선생님

"**심화 개념을 이해하기에 좋은 문제들로 구성**되었고, 난이도가 균일한 방향성을 가지고 있어서 **고득점 대비에 아주 좋았다는 느낌**을 받았습니다." - 양구근 선생님 -

검토단 선생님

곽민수 선생님 (압구정휴브레인학원)
권승미 선생님 (한뜻학원)
권혁동 선생님 (청탑학원)
김경남 선생님 (유앤아이학원)

김방래 선생님 (비전매쓰학원)
김수연 선생님 (개념폴리아학원)
김승현 선생님 (분당가인아카데미학원)
변경주 선생님 (수학의아침학원)

양구근 선생님 (매쓰피아학원)
윤인영 선생님 (브레인수학학원)
이경람 선생님 (수학의아침학원)
이송이 선생님 (인재와고수학원)

이은희 선생님 (한솔학원)
이재영 선생님 (EM학원)
이흥식 선생님 (흥샘학원)
조항석 선생님 (계광중학교)

자문단 선생님

[서울]
고희권 선생님 (교우학원)
권치영 선생님 (지오학원)
김기방 선생님 (일등수학학원)
김대주 선생님 (황선생영수학원)
김미애 선생님 (스카이맥에듀학원)
김영섭 선생님 (하이클래스학원)
김희성 선생님 (다솜학원)
박소영 선생님 (임페라토학원)
박혜경 선생님 (개념올플러스학원)
배미은 선생님 (문일중학교)
승영민 선생님 (청담클루빌학원)
이관형 선생님 (휴브레인학원)
이성애 선생님 (필즈학원)
이정녕 선생님 (펜타곤에듀케이션학원)
이효심 선생님 (뉴플러스학원)
임여옥 선생님 (명문연세학원)
임원정 선생님 (대현학원)
조세환 선생님 (이레학원)

[경기 · 인천]
강병덕 선생님 (청산학원)
강희표 선생님 (비원오길수학)
김동욱 선생님 (지성수학전문학원)
김명환 선생님 (김명환수학학원)
김상미 선생님 (김상미수학학원)
김선아 선생님 (하나학원)
김승호 선생님 (시흥 명품M학원)
김영희 선생님 (정석학원)
김은희 선생님 (제니스수학)
김인성 선생님 (우성학원)
김지영 선생님 (종로엠학원)
김태훈 선생님 (피타고라스학원)
문소영 선생님 (분석수학학원)
박성준 선생님 (아크로학원)

박수진 선생님 (소사왕수학학원)
박정근 선생님 (카이수학학원)
방은선 선생님 (이룸학원)
배철환 선생님 (매쓰블릭학원)
신금종 선생님 (다우학원)
신수림 선생님 (광명 SD명문학원)
이강민 선생님 (스토리수학학원)
이광수 선생님 (청학올림수학학원)
이광철 선생님 (블루수학학원)
이진숙 선생님 (휴먼이앤엠학원)
이채연 선생님 (다니엘학원)
이후정 선생님 (한보학원)
전용석 선생님 (연세학원)
정재도 선생님 (올림수학학원)
정재현 선생님 (마이다스학원)
정청용 선생님 (고대수학원)
조근장 선생님 (비전학원)
채수현 선생님 (밀턴수학학원)
최민희 선생님 (부천종로엠학원)
최우석 선생님 (블루밍영수학원)
하영석 선생님 (의치한학원)
한태섭 선생님 (선부 지캠프학원)
한효섭 선생님 (영웅아카데미학원)

[부산 · 대구 · 경상도]
강민정 선생님 (A+학원)
김득환 선생님 (세종학원)
김용백 선생님 (서울대가는수학원)
김윤미 선생님 (진해 푸르넷학원)
김일용 선생님 (서전학원)
김태진 선생님 (한빛학원)
김한규 선생님 (수&수학원)
김홍식 선생님 (칸입시학원)
김황열 선생님 (유담학원)
박병무 선생님 (멘토학원)

박주흠 선생님 (술술학원)
서영덕 선생님 (탑앤탑영수학원)
서정아 선생님 (리더스주니어랩학원)
신호재 선생님 (시메쓰수학)
유명덕 선생님 (유일학원)
유희 선생님 (연세아카데미학원)
이상준 선생님 (조은학원)
이윤정 선생님 (성문학원)
이헌상 선생님 (한성교육학원)
이현정 선생님 (공감수학학원)
이현주 선생님 (동은위더스학원)
이희경 선생님 (강수학학원)
전경민 선생님 (아이비츠학원)
전재후 선생님 (진스터디학원)
정재헌 선생님 (에디슨아카데미학원)
정진원 선생님 (명문서울학원)
정찬조 선생님 (교원학원)
조명성 선생님 (한샘학원)
차주현 선생님 (경대심화학원)
최학준 선생님 (특별한학원)
편주연 선생님 (피타고라스학원)
한희광 선생님 (성산학원)
허균정 선생님 (이화수학학원)
황하륜 선생님 (THE 쉬운수학학원)

[대전 · 충청도]
김근래 선생님 (정통학원)
김대두 선생님 (페르마학원)
문중식 선생님 (동그라미학원)
석진영 선생님 (탑시크리트학원)
송명준 선생님 (JNS학원)
신영선 선생님 (해머수학학원)
오현진 선생님 (청석학원)
우명식 선생님 (상상학원)
윤충섭 선생님 (최윤수학학원)

이정주 선생님 (베리타스수학학원)
이진형 선생님 (우림학원)
장전원 선생님 (김앤장영어수학학원)
차진경 선생님 (대현학원)
최현숙 선생님 (아임매쓰수학학원)

[광주 · 전라도]
김미진 선생님 (김미진수학학원)
김태성 선생님 (필즈학원)
김현지 선생님 (김현지 수학학원)
김환철 선생님 (김환철 수학학원)
나유호 선생님 (진월 진선규학원)
노형규 선생님 (노형석 수학학원)
문형임 선생님 (서부 고려E수학학원)
박지연 선생님 (온탑학원)
박지영 선생님 (일곡 카이수학/과학학원)
방미령 선생님 (동천수학학원)
방주영 선생님 (스파르타 수학학원)
송신영 선생님 (반세영재학원)
신주영 선생님 (용봉 이룸수학학원)
오성진 선생님 (오성진 수학스케치학원)
유미행 선생님 (왕일학원)
윤현식 선생님 (강남에듀학원)
이고은 선생님 (리엔수학학원)
이명래 선생님 (오른수학&이명래학원)
이은숙 선생님 (윤재석수학학원)
장인경 선생님 (장선생수학학원)
정은경 선생님 (일곡 정은수학학원)
정은성 선생님 (챔피언스쿨학원)
정인하 선생님 (메가메스수학학원)
정희철 선생님 (운암 천지학원)
지승룡 선생님 (임동 필즈학원)
최민경 선생님 (명재보습학원)
최현진 선생님 (백운세종학원)

초등 수학

6-1

수학의 고수

구성과 특징

"난 수학의 고수가 될 거야!"

수학의 고수 학습 전략

1. 단원 대표 문제로 필수 개념 확인

2. 유형, 실전, 최고 문제로 이어지는 3단계 집중 학습

3. 새 교육과정에 맞춘 창의·융합 문제와 서술형 문제 구성

필수 개념 확인

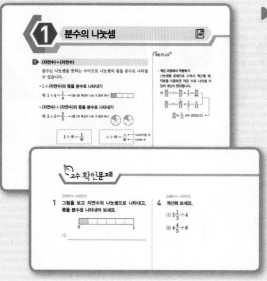

▶ **단원 개념 정리**
단원의 필수 개념을 한눈에 파악할 수 있습니다.

▶ **고수 확인문제**
단원 대표 문제로 필수 개념을 확인할 수 있습니다.

3단계 집중 학습

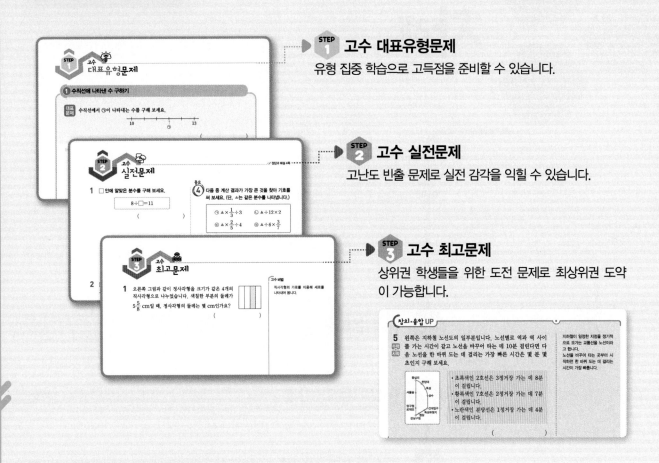

STEP 1 **고수 대표유형문제**
유형 집중 학습으로 고득점을 준비할 수 있습니다.

STEP 2 **고수 실전문제**
고난도 빈출 문제로 실전 감각을 익힐 수 있습니다.

STEP 3 **고수 최고문제**
상위권 학생들을 위한 도전 문제로 최상위권 도약
이 가능합니다.

단원 완벽 마무리

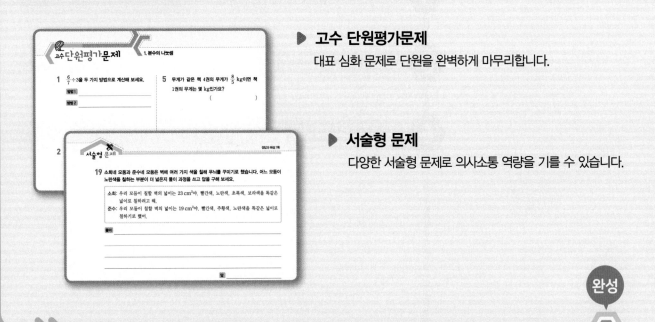

▶ **고수 단원평가문제**
대표 심화 문제로 단원을 완벽하게 마무리합니다.

▶ **서술형 문제**
다양한 서술형 문제로 의사소통 역량을 기를 수 있습니다.

완성

차례

1

분수의 나눗셈

분수의 나눗셈

1 (자연수)÷(자연수)

분수는 나눗셈을 뜻하는 수이므로 나눗셈의 몫을 분수로 나타낼 수 있습니다.

• 1÷(자연수)의 몫을 분수로 나타내기

(예) $1 \div 4 = \frac{1}{4}$ → 1을 4로 똑같이 나눈 것 중의 하나

• (자연수)÷(자연수)의 몫을 분수로 나타내기

(예) $2 \div 5 = \frac{2}{5}$ → 2를 5로 똑같이 나눈 것 중의 하나

$$1 \div ● = \frac{1}{●}$$

$$▲ \div ● = \frac{▲}{●}$$ ← 나누어지는 수
← 나누는 수

2 (진분수)÷(자연수), (가분수)÷(자연수)

방법 1 분자가 나누는 수의 배수일 때에는 분자를 자연수로 나눕니다.

(예) $\frac{6}{7} \div 3 = \frac{6 \div 3}{7} = \frac{2}{7}$

→ $\frac{6}{7}$은 $\frac{1}{7}$이 6개인 수이므로 $\frac{6}{7}$을 3으로 나눈 것은 $\frac{1}{7}$이 (6÷3)개인 수와 같습니다.

방법 2 분자가 나누는 수의 배수가 아닐 때에는 크기가 같은 분수 중에 분자가 나누는 수의 배수인 수로 바꾸어 계산합니다.

(예) $\frac{7}{5} \div 2 = \frac{7 \times 2}{5 \times 2} \div 2 = \frac{14}{10} \div 2 = \frac{14 \div 2}{10} = \frac{7}{10}$

방법 3 나눗셈을 곱셈으로 나타내어 계산합니다.

(예) $\frac{10}{3} \div 2 = \frac{\overset{5}{10}}{3} \times \frac{1}{\underset{1}{2}} = \frac{5}{3} = 1\frac{2}{3}$ → 몫은 가분수나 대분수로 쓸 수 있습니다.

$$\div ● \Rightarrow ●로 똑같이 나눈 것 중 하나 \Rightarrow \times \frac{1}{●}$$

개념 PLUS⊕

▸ **계산 과정에서 약분하기**
나눗셈을 곱셈으로 고쳐서 계산할 때, 약분을 이용하면 작은 수로 나타낼 수 있어 계산이 편리합니다.

(예) $\frac{35}{12} \div 7 = \frac{35}{12} \times \frac{1}{7} = \frac{35}{84}$

$\frac{35}{12} \div 7 = \frac{\overset{5}{35}}{12} \times \frac{1}{\underset{1}{7}} = \frac{5}{12}$

$\frac{35}{84}$와 $\frac{5}{12}$ 모두 정답입니다.

중1 연계 정수와 유리수

▸ **역수**
두 수의 곱이 1이 될 때, 한 수를 다른 수의 역수라고 합니다.

(예) $2 \times \frac{1}{2} = 1$이므로 2의 역수는 $\frac{1}{2}$이고, $\frac{1}{2}$의 역수는 2입니다.

$2 \underset{역수}{\overset{역수}{\rightleftarrows}} \frac{1}{2}$

3 **(대분수)÷(자연수)**

> **방법1** 대분수를 가분수로 바꿨을 때 분자가 나누는 수의 배수이면 분자를 자연수로 나눕니다.
>
> (예) $1\dfrac{1}{7} \div 2 = \dfrac{8}{7} \div 2 = \dfrac{8 \div 2}{7} = \dfrac{4}{7}$

> **방법2** 대분수를 가분수로 바꿨을 때 분자가 나누는 수의 배수가 아니면 분자를 나누는 수의 배수인 수로 바꾸어 계산합니다.
>
> (예) $2\dfrac{1}{4} \div 5 = \dfrac{9}{4} \div 5 = \dfrac{9 \times 5}{4 \times 5} \div 5 = \dfrac{45}{20} \div 5$
>
> $= \dfrac{45 \div 5}{20} = \dfrac{9}{20}$

> **방법3** 대분수를 가분수로 바꾸고 나눗셈을 곱셈으로 나타내어 계산합니다.
>
> (예) $3\dfrac{3}{5} \div 9 = \dfrac{18}{5} \div 9 = \dfrac{\overset{2}{\cancel{18}}}{5} \times \dfrac{1}{\underset{1}{\cancel{9}}} = \dfrac{2}{5}$

> **참고** (대분수) > (자연수)이면 (대분수)÷(자연수) > 1이고,
> (대분수) < (자연수)이면 (대분수)÷(자연수) < 1입니다.

4 **분수와 자연수의 혼합 계산**

> **방법1** 대분수를 가분수로 바꾼 후 앞에서부터 차례로 계산합니다.
>
> (예) $1\dfrac{3}{4} \div 7 \times 12 = \dfrac{\overset{1}{\cancel{7}}}{4} \times \dfrac{1}{7} \times 12 = \dfrac{1}{\underset{1}{\cancel{4}}} \times \overset{3}{\cancel{12}} = 3$

> **방법2** 대분수를 가분수로 바꾼 후 한꺼번에 계산합니다.
>
> (예) $1\dfrac{3}{4} \div 7 \times 12 = \dfrac{\overset{1}{\cancel{7}}}{\underset{1}{\cancel{4}}} \times \dfrac{1}{\underset{1}{\cancel{7}}} \times \overset{3}{\cancel{12}} = 3$

5 **생활 속 분수의 나눗셈**

> 주스 $\dfrac{5}{3}$ L를 4명이 똑같이 나누어 마시고 $\dfrac{1}{3}$ L가 남았습니다. 한 사람이 마신 주스의 양은 몇 L인가요?

① 마신 전체 주스 양: $\dfrac{5}{3} - \dfrac{1}{3} = \dfrac{4}{3}$ (L)

② 한 사람이 마신 주스 양: $\dfrac{4}{3} \div 4 = \dfrac{4 \div 4}{3} = \dfrac{1}{3}$ (L)

개념 PLUS⊕

6-1 연계 3. 소수의 나눗셈

▶ **1.34÷2를 분수로 고쳐서 계산하기**

$1.34 \div 2 = \dfrac{134}{100} \div 2$

$= \dfrac{134 \div 2}{100}$

$= \dfrac{67}{100} = 0.67$

▶ **몫의 크기를 1과 비교하기**

• 몫 > 1인 경우
(나누어지는 수) > (나누는 수)

(예) $3 \div 2 = \dfrac{3}{2} > 1$

• 몫 < 1인 경우
(나누어지는 수) < (나누는 수)

(예) $2 \div 3 = \dfrac{2}{3} < 1$

▶ **□가 있는 식에서 □ 구하기**
□가 답이 되는 식으로 바꾸어 나타냅니다.

(예) $\square \div 3 = 5 \Rightarrow \square = 5 \times 3$

$3 \div \square = 5 \Rightarrow \square = 3 \div 5$

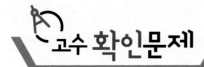

1 (자연수)÷(자연수)

그림을 보고 자연수의 나눗셈으로 나타내고, 몫을 분수로 나타내어 보세요.

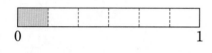

0   1

⇨ _____

2 (진분수)÷(자연수)

잘못된 곳을 찾아 바르게 고쳐 보세요.

$$\frac{5}{9} \div 3 = \frac{5}{9 \div 3} = \frac{5}{3}$$

⇨ _____

3 (자연수)÷(자연수)

몫이 1보다 큰 것을 찾아 기호를 써 보세요.

㉠ $3 \div 11$	㉡ $9 \div 16$
㉢ $12 \div 13$	㉣ $15 \div 8$

(   )

4 (대분수)÷(자연수)

계산해 보세요.

(1) $2\frac{1}{3} \div 4$

(2) $4\frac{4}{5} \div 8$

5 (진분수)÷(자연수)

계산 결과가 가장 작은 것을 찾아 기호를 써 보세요.

㉠ $\frac{3}{4} \div 3$	㉡ $\frac{2}{5} \div 4$
㉢ $\frac{3}{7} \div 6$	㉣ $\frac{4}{9} \div 4$

(   )

6 (가분수)÷(자연수)

작은 수를 큰 수로 나눈 몫을 구해 보세요.

10	$\frac{45}{8}$

(   )

7 (가분수)÷(자연수)

우유 $\dfrac{12}{5}$ L를 4명이 나누어 마셨습니다. 한 사람이 마신 우유는 몇 L인가요?

(   )

8 (대분수)÷(자연수)

□ 안에 알맞은 수를 구해 보세요.

$$7 \times \square = 4\dfrac{3}{8}$$

(   )

9 (대분수)÷(자연수)

자동차가 일정한 빠르기로 $15\dfrac{3}{4}$ km를 가는 데 9분이 걸렸습니다. 1분 동안 간 거리는 몇 km인가요?

(   )

10 분수와 자연수의 혼합 계산

다음 정사각형의 넓이가 $\dfrac{24}{7}$ cm²일 때, 색칠한 부분의 넓이는 몇 cm²인가요?

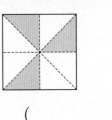

(   )

11 분수와 자연수의 혼합 계산

□ 안에 알맞은 수를 구해 보세요.

$$\square \times 6 = 5\dfrac{1}{4} \div 7$$

(   )

12 생활 속 분수의 나눗셈

쌀 $\dfrac{20}{3}$ kg을 4명이 똑같이 나누어 가졌더니 $\dfrac{4}{3}$ kg이 남았습니다. 한 사람이 가진 쌀은 몇 kg인가요?

(   )

1 수직선에 나타낸 수 구하기

| 대표
문제 | 수직선에서 ㉠이 나타내는 수를 구해 보세요. |

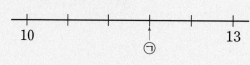

( )

풀이	
[1단계] 눈금 한 칸의 크기 구하기	(눈금 한 칸의 크기)=(13-10)÷ □ =3÷ □ = $\dfrac{\Box}{\Box}$
[2단계] ㉠이 나타내는 분수 구하기	㉠이 나타내는 수는 10보다 눈금 3칸이 큰 수이므로 ㉠=10+ $\dfrac{3}{5}$ × □ =10+ $\dfrac{\Box}{5}$ = $\dfrac{\Box}{5}$ 입니다. $\quad 11\dfrac{4}{5}$ 로 답할 수도 있습니다.

유제 1 수직선에서 ㉠이 나타내는 수를 구해 보세요.

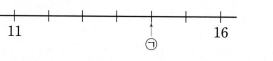

( )

Up!
유제 2 수직선에서 ㉠과 ㉡ 사이의 거리를 구해 보세요.

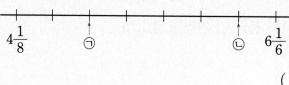

( )

2 넓이를 이용하여 평면도형에서 길이 구하기

대표문제 삼각형의 넓이가 $\dfrac{30}{7}$ cm²일 때, 밑변이 5 cm이면 높이는 몇 cm인지 구해 보세요.

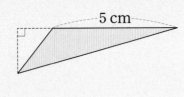

(   )

풀이		
[1단계] 높이를 ●로 하여 삼각형의 넓이 구하는 식 세우기	(삼각형의 넓이)=(밑변)×(높이)÷2이므로 $\dfrac{30}{7}=\boxed{}\times●÷2$입니다.
[2단계] 높이 구하기(●의 값 구하기)	$●=\dfrac{30}{7}\times2÷\boxed{}=\dfrac{\boxed{}}{7}\times\dfrac{1}{\boxed{}}=\dfrac{\boxed{}}{7}$ (cm)

유제 3 오른쪽 평행사변형은 넓이가 $9\dfrac{1}{3}$ cm²입니다. 밑변이 2 cm일 때, 높이는 몇 cm인지 구해 보세요.

(   ) 2 cm

유제 4 오른쪽 마름모는 넓이가 $\dfrac{25}{4}$ cm²입니다. 한 대각선의 길이가 3 cm일 때, 다른 대각선의 길이는 몇 cm인지 구해 보세요.

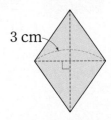

3 cm

(   )

3 수 카드로 식 만들어 계산하기

| 대표문제 | 수 카드를 한 번씩만 사용하여 몫이 가장 큰 (대분수)÷(자연수)를 만들었을 때, 몫을 구해 보세요. |

$$2 \quad 3 \quad 5 \quad 7$$

( )

| 풀이 |

[1단계] 나누는 자연수 구하기	몫이 가장 크려면 나누는 수가 가장 작아야 하므로 나누는 자연수는 ☐ 입니다.
[2단계] 나누어지는 대분수 구하기	몫이 가장 크려면 나누어지는 수가 가장 커야 하므로 남은 수 카드로 가장 큰 대분수를 만들면 ☐ ☐/☐ 입니다.
[3단계] 몫이 가장 큰 (대분수)÷(자연수)의 몫 구하기	따라서 몫이 가장 큰 (대분수)÷(자연수)의 몫은 $7\frac{3}{5} \div 2 = \frac{38}{5} \div 2 = \frac{\boxed{} \div 2}{5} = \frac{\boxed{}}{5}$ 입니다.

유제 **5** 수 카드를 한 번씩만 사용하여 몫이 가장 작은 (대분수)÷(자연수)를 만들었을 때, 몫을 구해 보세요.

$$2 \quad 4 \quad 5 \quad 8$$

( )

유제 **6** 왼쪽의 서로 다른 수 카드를 한 번씩만 사용하여 몫이 가장 큰 (대분수)÷(자연수)를 만들었습니다. ㉠이 짝수일 때, 이 나눗셈의 몫을 구해 보세요.

$$8 \quad 7 \quad 4 \quad ㉠ \quad \Rightarrow \quad 8\frac{4}{7} \div ㉠$$

( )

4 등분한 부분의 넓이 구하기

대표문제 한 변이 $\frac{12}{7}$ cm인 정사각형을 똑같이 나눈 후, 다시 한 부분을 똑같이 나눈 것입니다. 색칠한 부분의 넓이는 몇 cm²인지 구해 보세요.

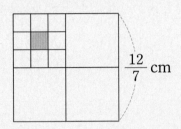

$\frac{12}{7}$ cm

(   )

풀이		
[1단계] 큰 정사각형의 넓이 구하기	(큰 정사각형의 넓이)$=\frac{12}{7}\times\frac{12}{7}=\frac{\boxed{}}{49}$ (cm²)입니다.	
[2단계] 처음 나누었을 때 한 부분의 넓이 구하기	처음 나눈 정사각형의 한 부분의 넓이는 큰 정사각형의 넓이를 4등분한 것 중의 1이므로 (한 부분의 넓이)$=\frac{144}{49}\div\boxed{}=\frac{144\div4}{49}=\frac{\boxed{}}{49}$ (cm²)입니다.	
[3단계] 색칠한 부분의 넓이 구하기	색칠한 부분의 넓이는 처음 나누었을 때의 한 부분의 넓이를 9등분한 것 중의 1이므로 (색칠한 부분의 넓이)$=\frac{36}{49}\div\boxed{}=\frac{36\div9}{49}=\frac{\boxed{}}{49}$ (cm²)입니다.	

 유제 7 오른쪽 그림은 평행사변형을 똑같이 나눈 후, 다시 한 부분을 똑같이 나눈 것입니다. 색칠한 부분의 넓이는 몇 cm²인지 구해 보세요.

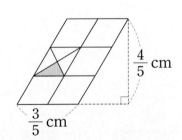

$\frac{4}{5}$ cm

$\frac{3}{5}$ cm

(   )

5 계산 결과가 자연수가 되는 식 만들기

대표문제 계산 결과가 가장 작은 자연수가 되도록 ㉠에 알맞은 자연수를 구해 보세요.

$$4\frac{2}{7} \div ㉠ \times 14$$

(   )

풀이		
[1단계] 식을 곱셈식으로 나타내기	$4\frac{2}{7} \div ㉠ \times 14 = \frac{30}{7} \times \frac{1}{㉠} \times 14 = \dfrac{\boxed{}}{㉠}$ 입니다.
[2단계] ㉠이 될 수 있는 조건 알아보기	계산 결과가 가장 작은 자연수가 되려면 ㉠은 $\boxed{}$ 의 가장 큰 약수이어야 합니다.
[3단계] ㉠ 구하기	따라서, ㉠은 $\boxed{}$ 입니다.

유제 8 계산 결과가 가장 작은 자연수가 되도록 ㉠에 알맞은 자연수를 구해 보세요.

$$1\frac{1}{9} \times ㉠ \div 15$$

(   )

유제 9 계산 결과가 가장 큰 자연수가 되도록 □ 안에 알맞은 자연수를 구해 보세요.

$$2\frac{\boxed{}}{11} \times 22 \div 6$$

(   )

STEP
2
고수
정답과 해설 4쪽

실전문제

1 □ 안에 알맞은 분수를 구해 보세요.

$$8 \div \square = 11$$

( )

2 □ 안에 들어갈 수 있는 수 중에서 가장 작은 자연수를 구해 보세요.

$$6\frac{1}{2} \div 4 < \square$$

( )

3 삼각형의 넓이가 $10\frac{2}{3}$ cm²일 때, 높이는 몇 cm인가요?

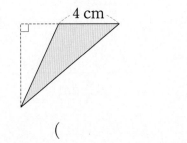

4 cm

( )

4 다음 중 계산 결과가 가장 큰 것을 찾아 기호를 써 보세요. (단, ▲는 같은 분수를 나타냅니다.)

㉠ ▲ × $\frac{1}{3}$ ÷ 3   ㉡ ▲ ÷ 12 × 2

㉢ ▲ × $\frac{2}{5}$ ÷ 4   ㉣ ▲ ÷ 6 × $\frac{3}{7}$

( )

5 한 봉지에 $\frac{8}{39}$ kg씩 들어 있는 소금이 3봉지 있습니다. 이 소금 3봉지를 4사람이 똑같이 나누어 가진다면 한 사람이 가지는 소금은 몇 kg 인가요?

( )

6 □ 안에 알맞은 수를 구해 보세요.

$$\square \times 3 = 2\frac{1}{4} \div 6$$

( )

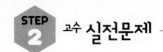

7 길이가 9 m인 나무를 같은 간격으로 11번 잘랐습니다. 자른 한 도막의 길이는 몇 m인가요?

(   )

8 둘레가 각각 $\frac{32}{3}$ cm인 정육각형과 정팔각형이 있습니다. 정육각형의 한 변의 길이는 정팔각형의 한 변의 길이보다 몇 cm 더 긴가요?

(   )

9 어떤 수를 4로 나누어야 할 것을 잘못하여 곱하였더니 $3\frac{2}{5}$가 되었습니다. 바르게 계산한 값을 구해 보세요.

(   )

10 ㉮$=\frac{3}{8}$이고 ㉯$=6$일 때, $\frac{㉮}{㉯}$의 값을 기약분수로 구해 보세요.

(   )

11 10명의 학생이 일정한 간격을 두고 한 줄로 서 있습니다. 첫째 학생과 마지막 학생 사이의 거리가 6 m일 때, 첫째 학생과 다섯째 학생 사이의 거리는 몇 m인가요?

(   )

12 다음은 평행사변형의 밑변을 3등분한 것입니다. 색칠한 부분의 넓이는 몇 cm²인가요?

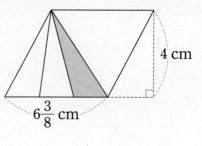

(   )

13 똑같은 색 테이프 15장을 $\frac{5}{7}$ cm씩 겹치도록 이어 붙였더니 전체의 길이가 86 cm가 되었습니다. 색 테이프 한 장의 길이는 몇 cm인가요?

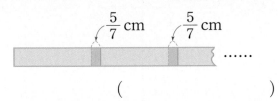

(   )

14 가로가 세로의 2배보다 $\frac{1}{4}$ cm 더 긴 직사각형이 있습니다. 이 직사각형의 둘레가 $4\frac{1}{10}$ cm이면 세로는 몇 cm인가요?

(   )

15 진우는 6분에 $\frac{3}{7}$ km를 걷고 유나는 8분에 $\frac{4}{5}$ km를 걷습니다. 두 사람이 같은 장소에서 서로 반대 방향으로 20분 동안 걸었다면 두 사람 사이의 거리는 몇 km인가요?

(   )

16 직사각형 ㄱㄴㄷㄹ에서 사다리꼴 ㄱㅁㄷㄹ의 넓이는 삼각형 ㄱㄴㅁ의 넓이의 5배입니다. 선분 ㄴㅁ의 길이는 몇 cm인가요?

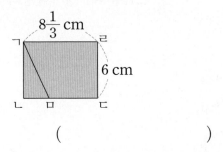

(   )

중요
17 하루에 30분씩 늦어지는 시계가 있습니다. 이 시계를 오늘 오후 8시에 정확히 맞추어 놓았다면 내일 오전 4시에 이 시계가 가리키는 시각은 오전 몇 시 몇 분인가요?

(   )

18 어떤 일을 지아가 혼자서 하면 전체의 $\frac{1}{4}$을 하는 데 3일이 걸리고, 민호가 혼자서 하면 전체의 $\frac{5}{6}$를 하는 데 2일이 걸립니다. 이와 같은 빠르기로 두 사람이 함께 일을 한다면 일을 모두 마치는 데 며칠이 걸리나요?

(   )

1 오른쪽 그림과 같이 정사각형을 크기가 같은 4개의 직사각형으로 나누었습니다. 색칠한 부분의 둘레가 $5\frac{5}{8}$ cm일 때, 정사각형의 둘레는 몇 cm인가요?

(   )

2 오른쪽은 똑같은 크기의 정사각형 2개를 겹쳐 놓은 것입니다. 도형 전체의 넓이가 $104\frac{2}{5}$ cm²이고 정사각형 한 개의 넓이는 겹쳐진 부분의 5배입니다. 정사각형 한 개의 넓이는 몇 cm²인가요?

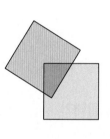

(   )

3 ㉠과 ㉡이 각각 1보다 큰 한 자리 자연수일 때, 다음 식의 값이 10보다 큰 경우는 모두 몇 가지인지 구해 보세요.

$$2\frac{3}{5} \times ㉠ \div ㉡$$

(   )

경시 문제 맛보기

4 세 자리 수 ㉠과 두 자리 수 ㉡이 다음 식을 만족시킬 때, ㉠+㉡의 값이 될 수 있는 수는 모두 몇 개인지 구해 보세요.

$$㉠ \div ㉡ = \frac{9}{4}$$

(   )

창의·융합 UP

5

수학+사회

왼쪽은 지하철 노선도의 일부분입니다. 노선별로 역과 역 사이를 가는 시간이 같고 노선을 바꾸어 타는 데 10분 걸린다면 다음 노선을 한 바퀴 도는 데 걸리는 가장 빠른 시간은 몇 분 몇 초인지 구해 보세요.

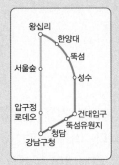

- 초록색인 2호선은 3정거장 가는 데 8분이 걸립니다.
- 황록색인 7호선은 2정거장 가는 데 7분이 걸립니다.
- 노란색인 분당선은 1정거장 가는 데 4분이 걸립니다.

(   )

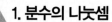
1 $\dfrac{6}{7} \div 3$을 두 가지 방법으로 계산해 보세요.

방법 1 _____

방법 2 _____

2 계산해 보세요.

(1) $\dfrac{7}{11} \div 14$ (2) $5\dfrac{3}{5} \div 4$

3 몫이 1보다 작은 것을 모두 찾아 기호를 써 보세요.

㉠ $9 \div 7$	㉡ $10 \div 11$
㉢ $13 \div 15$	㉣ $19 \div 16$

(   )

4 잘못 계산한 곳을 찾아 바르게 계산해 보세요.

$$1\dfrac{6}{7} \div 3 = 1\dfrac{6}{7} \times \dfrac{1}{3} = 1\dfrac{2}{7}$$

5 무게가 같은 책 4권의 무게가 $\dfrac{8}{5}$ kg이면 책 1권의 무게는 몇 kg인가요?

(   )

6 평행사변형의 넓이가 $14\dfrac{2}{5}$ cm²일 때, 높이가 3 cm이면 밑변은 몇 cm인가요?

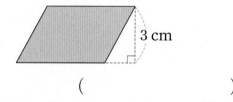

3 cm

(   )

7 어떤 수를 9로 나누어야 할 것을 잘못하여 곱했더니 63이 되었습니다. 바르게 계산하면 얼마인지 그 몫을 분수로 나타내어 보세요.

(   )

8 길이가 $\frac{8}{9}$ m인 나무 도막을 같은 간격으로 3번 자르려고 합니다. 나무 도막 한 개의 길이는 몇 m로 해야 하나요?

(   )

9 □ 안에 들어갈 수 있는 자연수를 모두 써 보세요.

$$1 < 4\frac{1}{5} \div \Box$$

(   )

10 수 카드 3장을 모두 사용하여 계산 결과가 가장 작은 나눗셈식을 만들고 계산해 보세요.

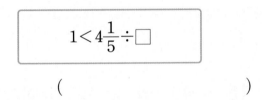

$$\frac{\Box}{\Box} \div \Box = \underline{\hspace{3cm}}$$

중요
11 다음 수직선에서 ㉠과 ㉡ 사이의 거리를 구해 보세요.

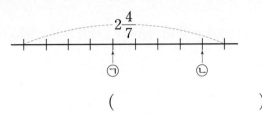

(   )

12 다음은 넓이가 $\frac{33}{14}$ cm²인 정사각형을 똑같은 9개의 정사각형으로 나눈 것입니다. 색칠한 부분의 넓이는 몇 cm²인가요?

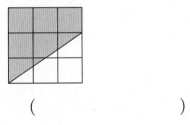

(   )

13 철사 $\frac{3}{8}$ m를 모두 사용하여 크기가 똑같은 정삼각형 모양을 2개 만들었습니다. 만든 정삼각형의 한 변은 몇 m인가요?

(   )

14 무게가 같은 장난감이 5개씩 들어 있는 상자 3개의 무게가 $5\frac{1}{7}$ kg입니다. 빈 상자 1개의 무게가 $\frac{1}{6}$ kg일 때, 장난감 1개의 무게는 몇 kg인가요?

(   )

중요
15 일주일에 $8\frac{2}{5}$분씩 빠르게 가는 시계를 6월 1일 오전 9시에 정확히 맞추어 놓았습니다. 7월 1일 오전 9시에 이 시계가 가리키는 시각은 오전 몇 시 몇 분인가요?

(   )

16 보기를 이용하여 주어진 식을 계산해 보세요.

> **보기**
>
> ■ = ▲ + 1일 때
>
> $\dfrac{1}{\text{▲} \times \text{■}} = \dfrac{1}{\text{▲}} - \dfrac{1}{\text{■}}$ 입니다.

$$\left(\frac{1}{2} + \frac{1}{6} + \frac{1}{12} + \frac{1}{20}\right) \div 36$$

(   )

17 어떤 일을 은우와 지수가 함께 3일 동안 하면 전체의 $\frac{4}{5}$를 할 수 있고, 은우가 혼자서 하면 전체의 $\frac{1}{2}$을 하는 데 5일이 걸립니다. 지수 혼자서 이 일을 한다면 일을 모두 마치는 데 며칠이 걸리나요? (단, 두 사람이 각각 하루 동안 하는 일의 양은 일정합니다.)

(   )

18 두 직선 가와 나는 서로 평행하고 평행사변형과 삼각형의 넓이의 합은 $25\frac{9}{10}$ cm²입니다. 두 직선 가와 나 사이의 거리는 몇 cm인가요?

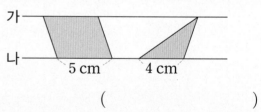

(   )

서술형 문제

19 소희네 모둠과 준수네 모둠은 벽에 여러 가지 색을 칠해 무늬를 꾸미기로 했습니다. 어느 모둠이 노란색을 칠하는 부분이 더 넓은지 풀이 과정을 쓰고 답을 구해 보세요.

> 소희: 우리 모둠이 칠할 벽의 넓이는 $23 \, cm^2$야. 빨간색, 노란색, 초록색, 보라색을 똑같은 넓이로 칠하려고 해.
>
> 준수: 우리 모둠이 칠할 벽의 넓이는 $19 \, cm^2$야. 빨간색, 주황색, 노란색을 똑같은 넓이로 칠하기로 했어.

풀이
_____

_____

_____

답 _____

20 수 카드 2 , 5 를 각각 두 번씩 사용하여 몫이 가장 작은 (대분수)÷(자연수)를 만들려고 합니다. 몫은 얼마인지 풀이 과정을 쓰고 답을 구해 보세요.

풀이
_____

_____

_____

답 _____

21 둘레가 $2\frac{1}{7}$ km인 호수 둘레를 1바퀴 도는 데 진우는 10분이 걸렸고, 진영이는 1시간이 걸렸습니다. 10분 동안 진우는 진영이보다 몇 km 더 갔는지 풀이 과정을 쓰고 답을 구해 보세요.

풀이

답

22 수직선 위에 있는 5개의 수를 작은 수부터 차례로 $2\frac{1}{6}$, ㉠, ㉡, ㉢, $3\frac{1}{2}$이라 할 때, ㉡은 얼마인지 풀이 과정을 쓰고 답을 구해 보세요.

- ㉠＋㉢＝$2\frac{1}{6}$＋$3\frac{1}{2}$ - ㉡＋㉢＝㉠＋$3\frac{1}{2}$ - ㉢－㉡＝㉠－$2\frac{1}{6}$

풀이

답

2

각기둥과 각뿔

2 각기둥과 각뿔

1 각기둥 알아보기

- 각기둥: 서로 평행한 두 면이 합동이고 모든 면이 다각형으로 이루어진 입체도형
- 밑면의 모양이 삼각형, 사각형, 오각형……일 때 삼각기둥, 사각기둥, 오각기둥……이라고 합니다.

삼각기둥   사각기둥   오각기둥

2 각기둥의 구성 요소

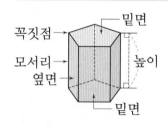

- 밑면: 서로 평행하고 합동이며 나머지 면들과 모두 수직인 두 면
- 옆면: 두 밑면과 만나는 면
  → 각기둥의 옆면은 모두 직사각형입니다.
- 모서리: 면과 면이 만나는 선분
- 꼭짓점: 모서리와 모서리가 만나는 점
- 높이: 두 밑면 사이의 거리

3 각기둥의 구성 요소의 수

- 밑면의 모양이 ■각형인 ■각기둥의 구성 요소의 수

한 밑면의 변의 수(개)	■	모서리의 수(개)	■×3
면의 수(개)	■+2	꼭짓점의 수(개)	■×2

4 각기둥의 전개도 알아보기

- **각기둥의** 전개도: 각기둥의 모서리를 잘라서 평면 위에 펼쳐 놓은 그림 — 전개도는 어느 모서리를 자르는가에 따라 여러 가지 모양이 나올 수 있습니다.

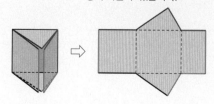

개념 PLUS⁺

6-2 연계 6. 원기둥, 원뿔, 구

▶ **원기둥**: 둥근기둥 모양의 도형

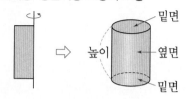

▶ **원뿔**: 둥근 뿔 모양의 도형

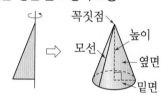

▶ **구**: 공 모양의 도형

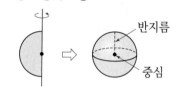

6-2 연계 6. 원기둥, 원뿔, 구

▶ **원기둥의 전개도**

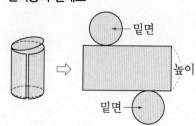

5 **각뿔 알아보기**

• 각뿔: 밑에 놓인 면이 다각형이고, 옆으로 둘러싼 면이 모두 삼각형인 입체도형
• 밑면의 모양이 삼각형, 사각형, 오각형……일 때 삼각뿔, 사각뿔, 오각뿔……이라고 합니다.

     삼각뿔   사각뿔   오각뿔

6 **각뿔의 구성 요소**

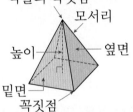

각뿔의 꼭짓점
모서리
높이 — 옆면
밑면
꼭짓점

• 밑면: 밑에 놓인 면
• 옆면: 밑면과 만나는 면 → 각뿔의 옆면은 모두 이등변삼각형입니다.
• 모서리: 면과 면이 만나는 선분
• 꼭짓점: 모서리와 모서리가 만나는 점
• 각뿔의 꼭짓점: 꼭짓점 중에서도 옆면이 모두 만나는 점

• 높이: 각뿔의 꼭짓점에서 밑면에 수직인 선분의 길이

참고   각뿔의 전개도: 각뿔의 모서리를 잘라서 펼쳐 놓은 그림

 ⇨

7 **각뿔의 구성 요소의 수**

• 밑면의 모양이 ■각형인 ■각뿔의 구성 요소의 수

밑면의 변의 수(개)	■	모서리의 수(개)	■×2
면의 수(개)	■+1	꼭짓점의 수(개)	■+1

개념 PLUS⁺

▸ 사각기둥의 전개도는 모두 11가지가 있습니다.

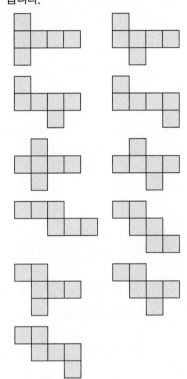

▸ 각뿔의 높이를 재는 방법

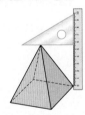

각뿔의 밑면과 평행이 되도록 삼각자를 놓고 그때의 자의 눈금을 읽어 높이를 잽니다.

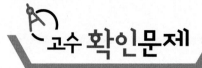

<각기둥 알아보기>

1 밑면의 모양이 다음과 같은 각기둥의 이름을 써 보세요.

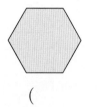

(   )

<각기둥 알아보기>

2 각기둥에 대한 설명으로 옳지 <u>않은</u> 것을 찾아 기호를 써 보세요.

┌─────────────────────────────┐
│ ㉠ 입체도형입니다.   │
│ ㉡ 두 밑면은 서로 평행합니다.   │
│ ㉢ 모든 면은 합동입니다.   │
│ ㉣ 옆면은 직사각형입니다.   │
└─────────────────────────────┘

(   )

<각기둥의 구성 요소>

3 각기둥의 겨냥도를 완성해 보세요.

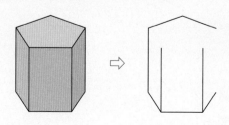

<각기둥의 구성 요소의 수>

4 밑면의 모양이 구각형인 각기둥의 면, 모서리, 꼭짓점의 수를 각각 구해 보세요.

면의 수 (   )
모서리의 수 (   )
꼭짓점의 수 (   )

<각기둥의 구성 요소의 수>

5 모서리의 수가 15개인 각기둥의 이름을 써 보세요.

(   )

<각기둥의 전개도 알아보기>

6 전개도를 접어서 각기둥을 만들었습니다. ☐ 안에 알맞은 수를 써넣으세요.

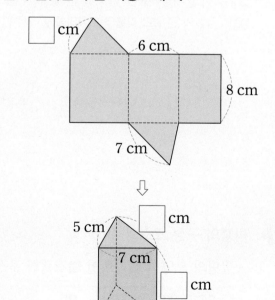

7 사각기둥의 전개도에서 면 ㅎㅋㅌㅍ이 한 밑면일 때, 다른 밑면을 찾아 써 보세요.

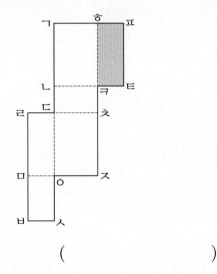

(   )

8 각뿔에 대한 설명으로 옳은 것을 모두 찾아 기호를 써 보세요.

> ㉠ 밑면은 2개입니다.
> ㉡ 옆면은 모두 삼각형입니다.
> ㉢ 꼭짓점의 수는 면의 수와 같습니다.
> ㉣ 옆면과 밑면은 서로 수직으로 만납니다.

(   )

9 각뿔의 높이는 몇 cm인가요?

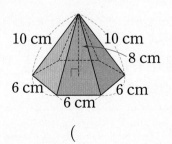

(   )

10 밑면과 옆면의 모양이 다음과 같은 뿔 모양 입체도형의 모서리의 수는 몇 개인가요?

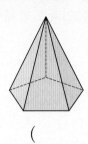

(   )

11 꼭짓점이 9개인 각뿔의 이름을 써 보세요.

(   )

12 옆면이 다음과 같은 삼각형 4개로 이루어진 각뿔이 있습니다. 이 각뿔의 모든 모서리의 길이의 합은 몇 cm인가요?

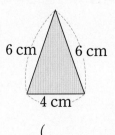

(   )

1 각기둥과 각뿔의 밑면과 옆면 알아보기

대표문제 다음 입체도형에서 삼각형인 면은 모두 몇 개인지 구해 보세요.

삼각기둥, 오각뿔

(   )

| 풀이 |

[1단계] 삼각기둥에서 삼각형인 면의 수 구하기	삼각기둥에서 삼각형인 면은 밑면이므로 ☐ 개입니다.
[2단계] 오각뿔에서 삼각형인 면의 수 구하기	오각뿔에서 삼각형인 면은 옆면이므로 ☐ 개입니다.
[3단계] 삼각형인 면이 모두 몇 개인지 구하기	따라서 주어진 입체도형에서 삼각형인 면은 모두 2+☐=☐ (개)입니다.

유제 1 다음 입체도형에서 사각형인 면은 모두 몇 개인지 구해 보세요.

칠각기둥, 사각뿔

(   )

유제 2 다음 조건을 만족하는 두 입체도형 중에서 각뿔의 이름을 써 보세요.

- 각기둥과 각뿔입니다.
- 각기둥의 밑면의 모양은 오각형입니다.
- 사각형인 면과 삼각형인 면의 수의 합이 9개입니다.

(   )

2 각기둥의 면, 모서리, 꼭짓점의 수 사이의 관계 알아보기

대표문제 육각기둥에서 면의 수와 모서리의 수의 합을 구해 보세요.

(   )

| 풀이 |

[1단계] 면의 수 구하기	육각기둥은 한 밑면의 변의 수가 6개이므로 (면의 수)=6+ ☐ = ☐ (개)입니다.
[2단계] 모서리의 수 구하기	(모서리의 수)=6× ☐ = ☐ (개)입니다.
[3단계] 면의 수와 모서리 수의 합 구하기	따라서 (면의 수)+(모서리의 수)=8+18= ☐ (개)입니다.

유제 3 칠각기둥에서 꼭짓점의 수와 모서리의 수의 합을 구해 보세요.

(   )

유제 4 구각기둥에서 다음을 계산하면 얼마인지 구해 보세요.

(면의 수)+(꼭짓점의 수)−(모서리의 수)

(   )

Up 유제 5 모서리의 수가 30개인 각기둥의 면의 수와 꼭짓점의 수의 합을 구해 보세요.

(   )

3 각뿔의 면, 모서리, 꼭짓점의 수 사이의 관계 알아보기

대표문제 면의 수가 5개인 각뿔의 모서리의 수를 구해 보세요.

( )

풀이		
[1단계] 밑면의 변의 수 구하기	밑면의 변의 수를 ▲개라 하면 면의 수는 5개이므로 $▲+1=\boxed{}$, ▲=4입니다.	
[2단계] 모서리의 수 구하기	밑면의 변의 수가 4개이므로 (모서리의 수)=4×$\boxed{}$=$\boxed{}$(개)입니다.	

유제 6 모서리의 수가 10개인 각뿔의 꼭짓점의 수를 구해 보세요.

( )

유제 7 면의 수가 13개인 각뿔의 모서리의 수와 꼭짓점의 수의 합을 구해 보세요.

( )

Up
유제 8 면, 모서리, 꼭짓점의 수의 합이 다음과 같은 각뿔의 이름을 써 보세요.

(면의 수)+(꼭짓점의 수)+(모서리의 수)=26(개)

( )

4 각기둥의 전개도에서 길이 구하기

대표 문제 오른쪽 삼각기둥의 전개도에서 선분 ㅁㅇ의 길이는 몇 cm 인지 구해 보세요.

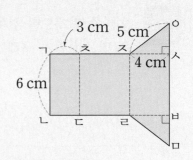

( )

| 풀이 |

[1단계] 선분 ㅅㅇ과 선분 ㅂㅁ의 길이 구하기	전개도를 접었을 때 만나는 선분은 길이가 같으므로 (선분 ㅅㅇ)=(선분 ㄱㅊ)=3 cm이고, 마주 보는 선분의 길이가 같으므로 (선분 ㅂㅁ)=(선분 ㅅㅇ)=□ cm입니다.
[2단계] 선분 ㅂㅅ의 길이 구하기	마주 보는 선분의 길이가 같으므로 (선분 ㅂㅅ)=(선분 ㄴㄱ)=□ cm입니다.
[3단계] 선분 ㅁㅇ의 길이 구하기	따라서 (선분 ㅁㅇ)=(선분 ㅁㅂ)+(선분 ㅂㅅ)+(선분 ㅅㅇ) =3+6+3=□ (cm)입니다.

유제 9 오른쪽 사각기둥의 전개도에서 선분 ㅍㅊ의 길이는 몇 cm인지 구해 보세요.

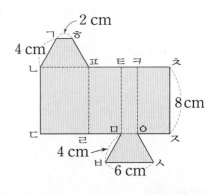

( )

Up 유제 10 오른쪽은 밑면의 모양이 정오각형인 오각기둥의 전개도입니다. 직사각형 ㄱㄴㄷㄹ의 넓이가 63 cm²일 때, 이 전개도의 둘레는 몇 cm인지 구해 보세요.

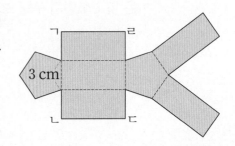

( )

5 각기둥의 전개도를 보고 모서리의 길이의 합 구하기

대표문제 오른쪽 전개도를 접어 만든 삼각기둥의 모든 모서리의 길이의 합은 몇 cm인지 구해 보세요.

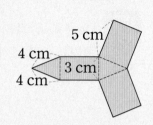

(   )

풀이		
[1단계] 만든 삼각기둥 그리기	전개도를 접어 만들어지는 삼각기둥을 그려 봅니다.	
[2단계] 만든 삼각기둥의 한 밑면의 둘레와 높이 구하기	(한 밑면의 둘레)=4+ ☐ +4= ☐ (cm), (높이)= ☐ cm	
[3단계] 만든 삼각기둥의 모든 모서리의 길이의 합 구하기	(모든 모서리의 길이의 합)=11×2+5×3= ☐ (cm)입니다.	

유제 11 오른쪽 전개도를 접어 만든 오각기둥의 모든 모서리의 길이의 합은 몇 cm인지 구해 보세요.

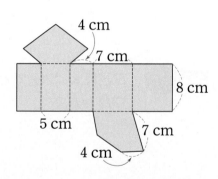

(   )

유제 12 오른쪽 전개도를 접어 만든 사각기둥의 모든 모서리의 길이의 합은 몇 cm인지 구해 보세요.

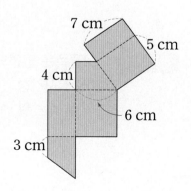

(   )

6 각기둥을 둘러싼 끈의 길이 구하기

대표문제 사각기둥 모양의 상자를 오른쪽과 같이 끈으로 묶으려고 합니다. 필요한 끈의 길이는 적어도 몇 cm인지 구해 보세요.
(단, 매듭의 길이는 생각하지 않습니다.)

( )

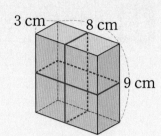
3 cm 8 cm 9 cm

풀이		
[1단계] 모서리와 길이가 같은 부분 알아보기	• 길이가 8 cm인 부분: 2군데
	• 길이가 3 cm인 부분: ☐군데
	• 길이가 9 cm인 부분: ☐군데
[2단계] 필요한 끈의 길이 구하기	따라서 필요한 끈의 길이는 적어도 $8 \times \boxed{} + 3 \times \boxed{} + 9 \times \boxed{} = \boxed{}$ (cm)입니다.

유제 13 사각기둥 모양의 상자를 오른쪽과 같이 끈으로 묶으려고 합니다. 필요한 끈의 길이는 적어도 몇 cm인지 구해 보세요. (단, 매듭의 길이는 20 cm입니다.)

( )

5 cm 10 cm 7 cm

유제 14 사각기둥 모양의 상자를 오른쪽과 같이 끈으로 묶으려고 합니다. 필요한 끈의 길이는 적어도 몇 cm인지 구해 보세요. (단, 매듭의 길이는 생각하지 않습니다.)

( )

11 cm 12 cm 8 cm

7 각기둥에 그은 선을 전개도에 나타내기

 삼각기둥에 그은 선을 오른쪽 삼각기둥의 전개도에 나타내어 보세요.

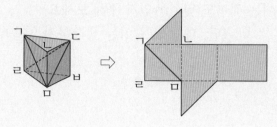

| 풀이 |

[1단계] 전개도에 각기둥의 꼭짓점을 모두 표시하기	[2단계] 선분 ㅁㄷ, 선분 ㄷㄹ을 찾아 잇기

유제 **15** 사각기둥에 그은 선을 오른쪽 사각기둥의 전개도에 나타내어 보세요.

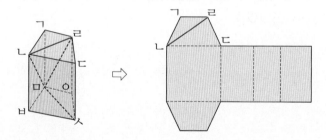

유제 **16** 육각기둥에 그은 선을 오른쪽 육각기둥의 전개도에 나타내어 보세요.

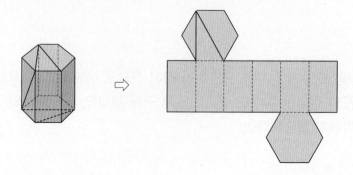

8 잘린 각기둥의 면, 모서리, 꼭짓점의 수 구하기

대표문제 오른쪽 그림은 사각기둥의 두 꼭짓점 부분을 삼각뿔 모양만큼 잘라낸 입체도형입니다. 이 입체도형의 꼭짓점의 수를 구해 보세요.

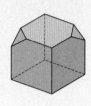

(   )

풀이		
[1단계] 처음 사각기둥의 꼭짓점의 수 구하기	처음 사각기둥의 꼭짓점 수는 $4 \times 2 = \boxed{}$ (개)입니다.
[2단계] 삼각뿔 모양만큼 한 번 잘랐을 때 꼭짓점 수의 변화 알아보기	삼각뿔 모양만큼 한 번 자르면 꼭짓점의 수는 한 개 줄고 세 개가 늘어나므로 꼭짓점의 수는 $3 - 1 = \boxed{}$ (개)가 늘어납니다.
[3단계] 입체도형의 꼭짓점의 수 구하기	입체도형의 꼭짓점의 수는 $\underset{\substack{\uparrow \\ \text{(사각기둥의 꼭짓점의 수)}}}{8} + 2 \times \underset{\substack{\uparrow \\ \text{늘어난 꼭짓점의 수}}}{\boxed{}} = \boxed{}$ (개)입니다.

유제 17 오른쪽 그림은 오각기둥의 두 꼭짓점 부분을 삼각뿔 모양만큼 잘라낸 입체도형입니다. 이 입체도형의 모서리의 수를 구해 보세요.

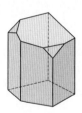

(   )

유제 18 다음은 육각기둥의 한 꼭짓점 부분을 삼각뿔 모양만큼 잘라낸 입체도형입니다. 표에 알맞은 수를 써넣으세요.

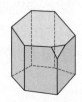

면의 수(개)	
모서리의 수(개)	
꼭짓점의 수(개)	

1 한 밑면의 꼭짓점의 수가 한 옆면의 꼭짓점의 수보다 3개 더 많은 각기둥의 이름을 써 보세요.

( )

중요
2 다음 전개도를 접었을 때 만들어지는 각기둥의 면의 수와 꼭짓점 수의 합을 구해 보세요.

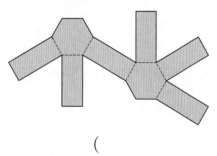

( )

3 팔각뿔에서 다음을 계산하면 얼마인지 구해 보세요.

(면의 수)＋(꼭짓점의 수)－(모서리의 수)

( )

4 다음 사각기둥의 전개도에서 색칠한 면이 한 밑면일 때 높이가 되는 선분을 모두 찾아 ○으로 표시해 보세요.

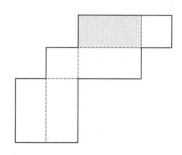

5 다음 사각기둥의 모든 겉면에 색을 칠하려고 합니다. 색칠해야 할 넓이는 모두 몇 cm²인가요?

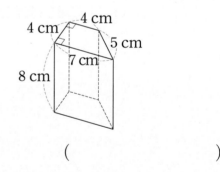

4 cm
4 cm
5 cm
7 cm
8 cm

( )

6 한 변의 길이가 8 cm인 정오각형을 밑면으로 하고 옆면과 옆면이 만나는 모서리의 길이가 11 cm인 각기둥의 모든 모서리의 길이의 합은 몇 cm인가요?

( )

7 육각기둥을 색칠한 면을 따라 잘랐을 때, 만들어진 두 입체도형의 모서리의 수의 합을 구해 보세요.

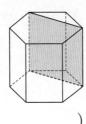

(   )

8 다음을 만족하는 각뿔의 꼭짓점의 수를 구해 보세요.

(면의 수)＋(모서리의 수)＝37(개)

(   )

9 다음은 밑면의 모양이 정팔각형인 각기둥의 전개도입니다. 이 각기둥의 옆면의 넓이의 합은 몇 cm²인가요?

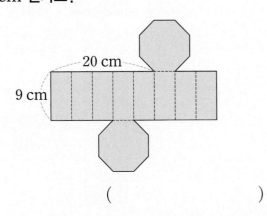

20 cm

9 cm

(   )

10 설명에 알맞은 입체도형의 이름을 써 보세요.

• 밑면은 다각형이고 옆면은 삼각형입니다.
• 꼭짓점의 수와 모서리 수의 합이 25개입니다.

(   )

중요
11 밑면의 모양이 같은 각기둥과 각뿔이 있습니다. 각기둥의 면의 수와 각뿔의 꼭짓점 수의 합이 17개일 때, 밑면의 모양을 써 보세요.

(   )

12 다음은 밑면이 직사각형인 사각기둥의 전개도입니다. 면 ㉠의 넓이가 84 cm², 면 ㉡의 넓이가 28 cm²일 때, 이 전개도의 넓이는 몇 cm²인가요?

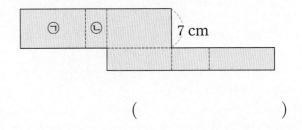

㉠ ㉡ 7 cm

(   )

중요
13 옆면의 모양이 오른쪽과 같은 이등변삼각형인 각뿔이 있습니다. 이 각뿔의 밑면의 둘레가 42 cm이면 모든 모서리의 길이의 합은 몇 cm인가요?

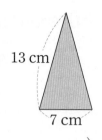

13 cm
7 cm

( )

16 다음 전개도를 접어 만든 오각기둥의 모든 모서리의 길이의 합은 몇 cm인가요?

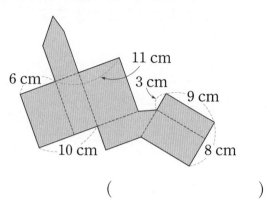

6 cm 11 cm 3 cm 9 cm
10 cm 8 cm

( )

14 어떤 각기둥의 밑면은 ㉠각형이고, 옆면은 ㉡개입니다. ㉠의 3배와 ㉡의 6배를 더한 값이 54일 때, 이 각기둥의 이름을 써 보세요.

( )

17 사각기둥에 그은 선을 전개도에 나타내어 보세요.

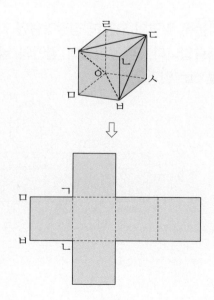

15 그림과 같이 사각기둥 모양의 상자를 포장했습니다. 포장에 사용한 테이프의 길이는 적어도 몇 cm인가요?

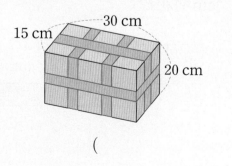

15 cm 30 cm
20 cm

( )

고수 비법

1 밑면이 서로 합동인 오각기둥과 오각뿔의 두 밑면을 서로 꼭 맞도록 붙여서 새로운 입체도형을 만들었습니다. 만든 입체도형의 모서리의 수를 구해 보세요.

(   )

새로 만든 입체도형을 그려 봅니다.

2 한 변의 길이가 4 cm인 정삼각형을 옆면으로 하는 각뿔의 모든 모서리의 길이의 합이 80 cm일 때, 이 각뿔의 이름을 써 보세요.

(   )

각뿔의 밑면의 변의 수를 ■로 하여 모서리의 수를 ■에 관한 식으로 나타냅니다.

3 사각기둥 모양의 물통에 그림과 같이 물이 담겨 있습니다. 전개도에서 물이 닿은 부분을 찾아 색을 칠해 보세요.

전개도에 꼭짓점을 표시한 후 물이 닿은 부분을 찾아봅니다.

4 오른쪽 그림과 같이 모양과 크기가 같은 삼각기둥을 한 바퀴 이어 붙여 입체도형을 만들려고 합니다. 만들어지는 입체도형의 이름을 써 보세요.

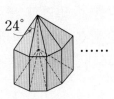

24°

……

(   )

한 바퀴는 360°임을 이용하여 삼각기둥이 몇 개 필요한지 생각해 봅니다.

고수 비법

5 다음 직사각형 모양의 종이를 세로로만 잘라 모두 사용하여 밑면이 정사각형인 사각기둥을 만들었을 때, 사각기둥의 높이는 몇 cm인가요?

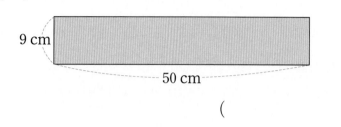

9 cm

50 cm

(   )

사각기둥은 밑면이 2개, 옆면이 4개입니다.

6 밑면이 정육각형인 육각기둥 모양의 상자를 오른쪽과 같이 끈으로 묶어 포장했습니다. 사용한 끈의 길이는 적어도 몇 cm인가요? (단, 매듭의 길이는 20 cm입니다.)

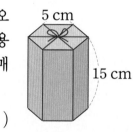

5 cm

15 cm

(   )

정육각형을 다음과 같이 나누면 어떤 도형이 만들어지는지 생각해 봅니다.

경시 문제 맛보기

7 오른쪽 입체도형은 삼각뿔을 밑면과 평행하게 자른 후 삼각뿔 모양을 제외하고 남은 입체도형입니다. 같은 방법으로 어떤 각뿔을 밑면과 평행하게 잘라 각뿔 모양을 제외하고 남은 입체도형의 면의 수와 모서리의 수의 합이 34개일 때, 처음 각뿔의 꼭짓점의 수를 구해 보세요.

(   )

남은 입체도형의 밑면의 변의 수와 면의 수, 모서리의 수 사이의 관계를 생각해 봅니다.

경시 문제 맛보기

8 밑면의 모양이 정오각형인 오각기둥에 오른쪽과 같이 꼭짓점 ㄱ에서 꼭짓점 ㅂ까지 가장 짧게 선을 그었을 때, 선분 ㅋㅅ의 길이는 몇 cm인가요?

(   )

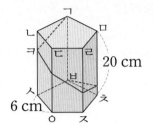

고수 비법

전개도의 옆면을 그려 생각해 봅니다.

창의・융합 UP

9 제주도의 해안가에서는 현무암질 용암이 차가운 바닷물과 만나 생긴 육각기둥 모양의 주상절리를 쉽게 볼 수 있습니다. 태희가 발견한 다음 주상절리에는 두 밑면을 관통하는 오각기둥 모양의 구멍이 3개 뚫려 있습니다. 태희가 발견한 주상절리의 꼭짓점의 수를 구해 보세요.

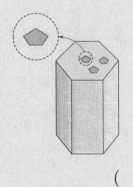

(   )

구멍이 한 개 뚫릴 때마다 늘어나는 꼭짓점의 수를 생각해 봅니다.

1 각기둥의 겨냥도를 완성해 보세요.

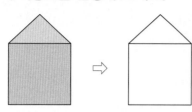

2 오각기둥에서 밑면에 수직인 면은 모두 몇 개인 가요?

(   )

3 밑면의 모양이 다음과 같은 각기둥의 이름을 쓰고, 표에 알맞은 수를 써넣으세요.

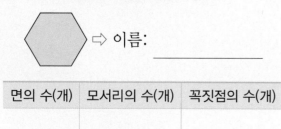 ⇨ 이름: _____

면의 수(개)	모서리의 수(개)	꼭짓점의 수(개)

4 꼭짓점의 수가 7개인 각뿔의 모서리의 수는 몇 개인가요?

(   )

중요
5 다음 중 잘못된 것을 찾아 기호를 쓰고, 바르게 고쳐 보세요.

> ㉠ 각뿔의 밑면은 1개입니다.
> ㉡ 각기둥의 밑면과 옆면은 서로 평행합니다.
> ㉢ 각뿔의 옆면의 모양은 모두 삼각형입니다.
> ㉣ 각기둥의 두 밑면은 서로 평행하고 합동입니다.

기호 _____

바르게 고치기 _____

6 다음은 어떤 각기둥의 옆면만 그린 전개도의 일부분입니다. 이 각기둥의 밑면의 모양은 어떤 도형인가요?

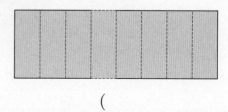

(   )

7 각기둥의 전개도를 접었을 때, 점 ㄱ, 점 ㅈ이 각각 만나는 점을 모두 찾아 써 보세요.

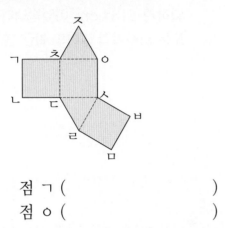

점 ㄱ ( )

점 ㅇ ( )

8 모든 모서리의 길이가 같고 모든 모서리의 길이의 합이 168 cm인 팔각기둥에서 한 모서리의 길이는 몇 cm인가요?

( )

9 옆면이 오른쪽과 같은 직사각형 6개로 이루어진 각기둥이 있습니다. 이 각기둥의 높이가 8 cm일 때, 한 밑면의 둘레는 몇 cm인가요?

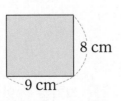

8 cm

9 cm

( )

10 다음 전개도를 접어서 만든 각기둥의 높이는 5 cm입니다. 조건 을 보고 밑면의 한 변의 길이는 몇 cm인지 구해 보세요.

> 조건
> • 각기둥의 옆면은 모두 합동입니다.
> • 각기둥의 모든 모서리의 길이의 합은 45 cm입니다.

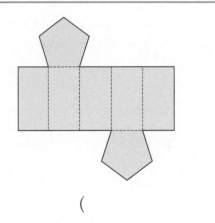

( )

11 옆면이 오른쪽과 같은 이등변삼각형으로 이루어진 각뿔이 있습니다. 이 각뿔의 면이 13개일 때, 모든 모서리의 길이의 합은 몇 cm인가요?

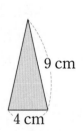

9 cm

4 cm

( )

12 오각기둥을 색칠한 면을 따라 잘랐습니다. 만들어진 두 입체도형의 꼭짓점의 수의 합을 구해 보세요.

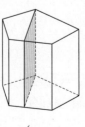

( )

13 삼각기둥의 전개도에서 직각삼각형 ㄷㄹㅁ의 넓이가 24 cm²라면 옆면의 넓이의 합은 몇 cm²인가요?

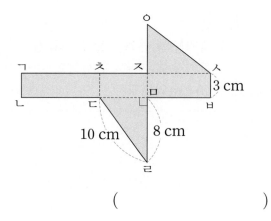

(   )

14 다음은 밑면이 정육각형인 육각기둥의 전개도입니다. 전개도를 접었을 때 만들어지는 육각기둥의 모든 모서리의 길이의 합은 몇 cm인가요?

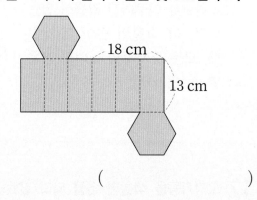

(   )

15 면, 모서리, 꼭짓점의 수의 합이 42개인 각뿔의 이름을 써 보세요.

(   )

16 높이가 13 cm인 팔각기둥에 페인트를 묻혀 옆면 쪽으로 7바퀴 굴렸더니 페인트가 칠해진 넓이가 2184 cm²이었습니다. 이 팔각기둥의 모든 모서리의 길이의 합은 몇 cm인가요?

(   )

중요
17 사각기둥에 그은 선을 사각기둥의 전개도에 나타내어 보세요.

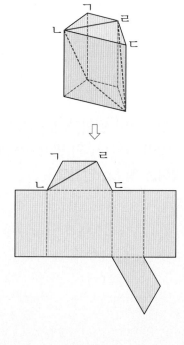

18 각기둥 ㉮와 ㉯의 꼭짓점 수의 합이 48개일 때, 두 각기둥의 면의 수의 합을 구해 보세요.

(   )

서술형 문제

19 어떤 각기둥에서 직사각형 모양의 면이 6개일 때 각기둥의 꼭짓점의 수가 될 수 있는 수를 모두 구하려고 합니다. 풀이 과정을 쓰고 답을 구해 보세요. (단, 직사각형의 모양은 같거나 다를 수 있습니다.)

풀이

답

20 오른쪽 오각기둥의 전개도에서 옆면의 넓이의 합은 몇 cm²인지 풀이 과정을 쓰고 답을 구해 보세요.

풀이

답

21 삼각뿔 ㉮의 모든 꼭짓점 부분을 삼각뿔 모양만큼 겹치지 않게 잘라내면 같은 입체도형 ㉯가 만들어집니다. ㉮와 ㉯의 모서리의 수는 어떤 관계가 있는지 풀이 과정을 쓰고 답을 구해 보세요.

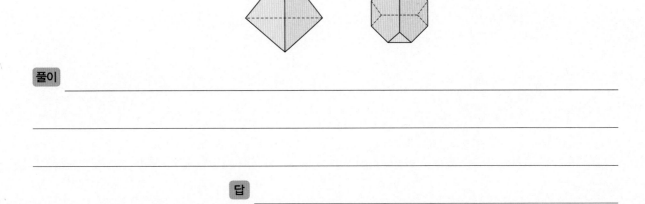

풀이

답

22 사각기둥 모양의 상자에 오른쪽과 같이 폭이 2 cm인 테이프를 붙일 때, 필요한 테이프의 넓이는 적어도 몇 cm²인지 풀이 과정을 쓰고 답을 구해 보세요.

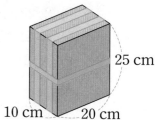

25 cm

10 cm   20 cm

풀이 _____

_____

_____

_____

답 _____

23 모든 모서리의 길이가 같은 육각뿔은 없습니다. 그 이유를 설명해 보세요.

이유 _____

_____

_____

_____

3

소수의 나눗셈

3 소수의 나눗셈

1 자연수의 나눗셈을 이용한 (소수)÷(자연수)

백	십	일	소수 첫째	소수 둘째				백	십	일	소수 첫째	소수 둘째
4	2	4			÷	2	=	2	1	2		
		4	2 .	4	÷	2	=		2	1 .	2	
		4 .	2	4	÷	2	=			2 .	1	2

나누는 수가 같을 때, 나누어지는 수가 $\frac{1}{10}$배, $\frac{1}{100}$배……가 되면 몫도 $\frac{1}{10}$배, $\frac{1}{100}$배……가 됩니다.

2 각 자리에서 나누어떨어지지 않는 (소수)÷(자연수)

• 7.02÷3의 계산

방법 1 분수의 나눗셈으로 계산하기

$$7.02 \div 3 = \frac{702}{100} \div 3$$
$$= \frac{702 \div 3}{100}$$
$$= \frac{234}{100} = 2.34$$

702÷3의 $\frac{1}{100}$배와 같습니다.

방법 2 세로로 계산하기

```
      2 3 4
  3 ) 7 0 2
      6
      1 0
        9
        1 2
        1 2
          0
```

3 몫이 1보다 작은 소수인 (소수)÷(자연수)

• 3.64÷7의 계산

방법 1 분수의 나눗셈으로 계산하기

$$3.64 \div 7 = \frac{364}{100} \div 7$$
$$= \frac{364 \div 7}{100}$$
$$= \frac{52}{100} = 0.52$$

364÷7의 $\frac{1}{100}$배와 같습니다.

방법 2 세로로 계산하기

```
     0 . 5 2
 7 ) 3 . 6 4
     3 5
       1 4
       1 4
         0
```

3을 7로 나눌 수 없으므로 몫의 일의 자리에 0을 쓰고 소수점을 찍습니다.

개념 PLUS⁺

6-2 연계 2. 소수의 나눗셈

$$60 \div 30 = 2$$

$\frac{1}{10}$배 $\frac{1}{10}$배

$$6 \div 3 = 2$$

나누어지는 수와 나누는 수를 각각 $\frac{1}{10}$배씩 하면 몫은 같습니다.

▶ (자연수)÷(소수)

예 6÷1.5의 계산

$$60 \div 15 = 4$$

$\frac{1}{10}$배 $\frac{1}{10}$배

$$6 \div 1.5 = 4$$

▶ (소수)÷(소수)

예 12.5÷2.5의 계산

$$125 \div 25 = 5$$

$\frac{1}{10}$배 $\frac{1}{10}$배

$$12.5 \div 2.5 = 5$$

4 소수점 아래 0을 내려 계산해야 하는 (소수)÷(자연수)

- 7.5÷6의 계산

  계산이 끝나지 않으면 0을 하나 내려 계산합니다.

  방법1 분수의 나눗셈으로 계산하기

  $$7.5 \div 6 = \frac{75}{10} \div 6 = \frac{750}{100} \div 6$$
  $$= \frac{750 \div 6}{100}$$
  $$= \frac{125}{100} = 1.25$$

  $750 \div 6$의 $\frac{1}{100}$배와 같습니다.

  방법2 세로로 계산하기

  ```
        1 . 2 5
    6 ) 7 . 5 0
        6
        1 5
        1 2
          3 0
          3 0
              0
  ```

5 몫의 소수 첫째 자리에 0이 있는 (소수)÷(자연수)

- 10.2÷5의 계산

  방법1 분수의 나눗셈으로 계산하기

  $$10.2 \div 5 = \frac{1020}{100} \div 5$$
  $$= \frac{1020 \div 5}{100}$$
  $$= \frac{204}{100} = 2.04$$

  $1020 \div 5$의 $\frac{1}{100}$배와 같습니다.

  방법2 세로로 계산하기

  ```
        2 . 0 4
    5 ) 1 0 . 2 0
        1 0
            2 0
            2 0
               0
  ```

  2를 5로 나눌 수 없으므로 몫의 자리에 0을 쓰고 수를 하나 더 내려 계산합니다.

6 (자연수)÷(자연수)의 몫을 소수로 나타내기

- 9÷5의 계산

  나누어지는 수의 오른쪽 끝자리에 0이 계속 있는 것으로 생각하고 계산합니다.

  방법1 분수로 나타내어 계산하기

  $$9 \div 5 = \frac{9}{5} = \frac{18}{10} = 1.8$$

  방법2 세로로 계산하기

  ```
        1 . 8
    5 ) 9 . 0
        5
        4 0
        4 0
           0
  ```

7 몫의 소수점의 위치 → 몫을 어림하면 소수점의 위치가 옳은지 확인할 수 있습니다.

- 19.7÷5의 계산 → 올바른 계산값: 19.7÷5=3.94

  방법1 $5 \times 3 = 15$이고 $5 \times 4 = 20$이므로 $19.7 \div 5$의 결과는 3보다 크고 4보다 작습니다.

  방법2 19.7을 약 20으로 어림하여 5로 나누면 4이므로 $19.7 \div 5$의 결과는 4보다 약간 작습니다.

개념 PLUS⁺

6-2 연계 2. 소수의 나눗셈

▶ (자연수)÷(소수)

예 6÷1.5의 계산

나누는 수와 나누어지는 수의 소수점을 오른쪽으로 똑같이 한 자리씩 옮겨서 계산합니다. 이때 자연수 뒤에 소수점과 0을 붙여 가면서 옮깁니다.

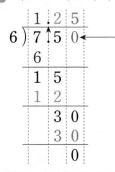

```
          4
  1.5 ) 6 0
        6 0
           0
```

▶ (소수)÷(소수)

예 1.25÷0.25의 계산

나누는 수와 나누어지는 수의 소수점을 오른쪽으로 똑같이 두 자리씩 옮겨서 계산합니다.

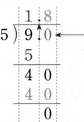

```
              5
  0.25 ) 1 2 5
         1 2 5
             0
```

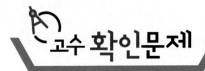

자연수의 나눗셈을 이용한 (소수)÷(자연수)

1 □ 안에 알맞은 수를 써넣으세요.

528 ÷4= ⬚

52.8 ÷4= ⬚

5.28÷4= ⬚

자연수의 나눗셈을 이용한 (소수)÷(자연수)

2 □ 안에 알맞은 수를 써넣으세요.

(1) 48 ÷4= ⬚

4.8 ÷4= ⬚

0.48÷4= ⬚

(2) 25.2÷ 6= ⬚

25.2÷ 60= ⬚

25.2÷600= ⬚

각 자리에서 나누어떨어지지 않는 (소수)÷(자연수)

3 계산을 잘못한 곳을 찾아 바르게 계산해 보세요.

```
      1 3.2
  6 ) 7.9 2
      6
      1 9
      1 8
        1 2
        1 2
          0
```
⇨
```
  6 ) 7.9 2
```

묶이 1보다 작은 소수인 (소수)÷(자연수)

4 계산 결과를 비교하여 ◯ 안에 >, =, <를 알맞게 써넣으세요.

$$4.32÷6 \bigcirc 4.32÷12$$

각 자리에서 나누어떨어지지 않는 (소수)÷(자연수)

5 직사각형의 넓이가 25.12 cm²일 때, 세로는 몇 cm인가요?

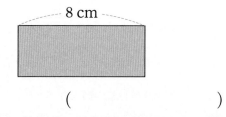

( )

묶이 1보다 작은 소수인 (소수)÷(자연수)

6 무게가 똑같은 과학책 5권의 무게를 재었더니 3.35 kg이었습니다. 과학책 1권의 무게는 몇 kg인가요?

( )

7 소수점 아래 0을 내려 계산해야 하는 (소수)÷(자연수)

수직선을 6등분 하였습니다. ㉠에 알맞은 소수를 써 보세요.

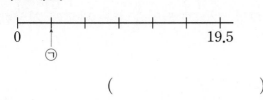

(   )

8 몫의 소수점의 위치

몫을 어림하여 알맞은 식을 찾아 기호를 써 보세요.

> ㉠ $502.4 \div 4 = 12.56$
>
> ㉡ $502.4 \div 4 = 125.6$
>
> ㉢ $502.4 \div 4 = 1256$

(   )

9 몫의 소수 첫째 자리에 0이 있는 (소수)÷(자연수)

□ 안에 알맞은 소수를 구해 보세요.

> $□ \times 5 = 15.4$

(   )

10 (자연수)÷(자연수)의 몫을 소수로 나타내기

몫이 가장 큰 나눗셈식을 찾아 기호를 써 보세요.

> ㉠ $21 \div 6$ ㉡ $54 \div 15$
>
> ㉢ $21 \div 4$ ㉣ $51 \div 15$

(   )

11 (자연수)÷(자연수)의 몫을 소수로 나타내기

□ 안에 들어갈 수 있는 자연수는 모두 몇 개인지 구해 보세요.

> $71 \div 20 < □ < 30 \div 4$

(   )

12 몫의 소수점의 위치

어림셈하여 몫의 소수점의 위치를 찾아 표시해 보세요.

> $59.52 \div 6$

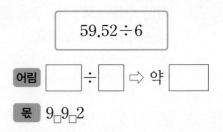

어림 □ ÷ □ ⇨ 약 □

몫 9□9□2

1 바르게 계산한 값 구하기

| 대표문제 | 어떤 수를 3으로 나눌 것을 잘못하여 곱했더니 22.5가 되었습니다. 바르게 계산한 몫을 구해 보세요. |

(   )

풀이		
[1단계] 잘못 계산한 곱셈식 세우기	어떤 수를 ■라 하면 ■×3= [　　　] 입니다.	
[2단계] 어떤 수 구하기	식을 계산하면 ■= [　　　] ÷3= [　　　] 입니다.	
[3단계] 바르게 계산하기	따라서 바르게 계산하면 7.5÷3= [　　　] 입니다.	

유제 1 어떤 수를 6으로 나눌 것을 잘못하여 9로 나누었더니 3.4가 되었습니다. 바르게 계산한 몫을 구해 보세요.

(   )

유제 2 어떤 수를 4로 나눌 것을 잘못하여 4를 곱했더니 57.6이 되었습니다. 바르게 계산한 몫을 8로 나눈 몫을 구해 보세요.

(   )

2 수 카드로 나눗셈식 만들기

대표문제 4장의 수 카드를 모두 한 번씩 사용하여 (소수 두 자리 수)÷(자연수)의 나눗셈식을 만들려고 합니다. 몫이 가장 작은 경우의 몫을 구해 보세요.

4 9 3 2

(   )

풀이		
[1단계] 나누어지는 수, 나누는 수와 몫의 관계 알아보기	몫이 가장 작으려면 나누어지는 수인 소수 두 자리 수는 가장 (크고, 작고), 나누는 수인 자연수는 가장 (커야, 작아야) 합니다.	
[2단계] 몫이 가장 작은 나눗셈식 만들기	따라서 몫이 가장 작은 나눗셈식은 ☐.3☐ ÷ ☐ 입니다.	
[3단계] 가장 작은 몫 구하기	몫을 구하면 ☐ 입니다.	

유제 3 4장의 수 카드를 모두 한 번씩 사용하여 (소수 두 자리 수)÷(자연수)의 나눗셈식을 만들려고 합니다. 몫이 가장 큰 경우의 몫을 구해 보세요.

9 3 5 4

(   )

Up 유제 4 수 카드 중 3장을 골라 모두 한 번씩 사용하여 다음과 같은 나눗셈식을 만들려고 합니다. 나올 수 있는 몫 중에서 가장 작은 몫을 구해 보세요.

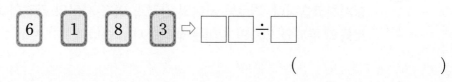

6 1 8 3 ⇨ ☐☐ ÷ ☐

(   )

3 물체를 놓은 간격 구하기

대표문제 길이가 87.6 m인 도로의 양쪽에 처음부터 끝까지 일정한 간격으로 나무 50그루를 심었습니다. 나무 사이의 간격은 몇 m인지 구해 보세요. (단, 나무의 두께는 생각하지 않습니다.)

(   )

풀이		
[1단계] 한쪽에 심은 나무의 수 구하기	도로의 한쪽에 심은 나무는 50÷2=□(그루)입니다.	
[2단계] 나무 사이의 간격의 수 구하기	(간격의 수)=(나무의 수)−1이므로 나무 사이의 간격의 수는 □−1=□(군데)입니다.	
[3단계] 나무 사이의 간격 구하기	따라서 나무 사이의 간격은 87.6÷□=□(m)입니다.	

유제 5 길이가 98.28 m인 도로의 양쪽에 처음부터 끝까지 일정한 간격으로 나무 44그루를 심었습니다. 나무 사이의 간격은 몇 m인지 구해 보세요. (단, 나무의 두께는 생각하지 않습니다.)

(   )

유제 6 둘레가 214.2 m인 원 모양의 호수 둘레에 일정한 간격으로 가로등 15개와 의자 20개를 각각 설치하였습니다. 가로등 사이의 간격과 의자 사이의 간격의 차는 몇 m인지 구해 보세요. (단, 가로등의 두께와 의자의 길이는 생각하지 않습니다.)

(   )

4 물건의 무게 구하기

대표문제 무게가 똑같은 초콜릿 10개가 들어 있는 상자의 무게는 170.5 g입니다. 초콜릿 4개를 먹은 후 상자의 무게를 다시 재었더니 118.3 g이었습니다. 초콜릿 3개의 무게는 몇 g 인지 구해 보세요.

(　　　　　　　　)

| 풀이 |

[1단계] 초콜릿 4개의 무게 구하기	(초콜릿 4개의 무게)=(줄어든 상자의 무게) =170.5−118.3=☐(g)
[2단계] 초콜릿 1개의 무게 구하기	(초콜릿 1개의 무게)=☐ ÷4=☐(g)
[3단계] 초콜릿 3개의 무게 구하기	따라서 (초콜릿 3개의 무게)=☐×3 =☐(g)입니다.

유제 7 무게가 똑같은 떡 8개가 들어 있는 상자의 무게는 466.32 g입니다. 떡 5개를 먹은 후 상자의 무게를 다시 재었더니 206.12 g이었습니다. 떡 2개의 무게는 몇 g인지 구해 보세요.

(　　　　　　　　)

유제 8 무게가 똑같은 연필 12자루가 들어 있는 필통의 무게는 160.6 g입니다. 연필 4자루를 꺼낸 후 필통의 무게를 다시 재었더니 140.4 g이었습니다. 필통만의 무게는 몇 g인지 구해 보세요.

(　　　　　　　　)

정답과 해설 18쪽

5 나누는 수와 몫의 관계 이용하여 구하기

대표
문제
9.6÷8의 몫을 이용하여 ㉠과 ㉡에 알맞은 수를 각각 구해 보세요.

$$9.6÷㉠=2.4 \qquad 9.6÷㉡=4.8$$

㉠ (   ), ㉡ (   )

| 풀이 |

[1단계] 9.6÷8의 몫 구하기	9.6÷8= ☐ 입니다.
[2단계] 9.6÷8의 몫과 2.4를 비교하여 ㉠에 알맞은 수 구하기 나눗셈에서 나누어지는 수가 같을 때 몫이 ■배가 되면 나누는 수는 $\frac{1}{■}$배가 됩니다.	$9.6 ÷ 8 = 1.2$ $×\frac{1}{☐}$ ↓ $×2 ⇨ ㉠=8×\frac{1}{☐}=☐$ $9.6 ÷ ㉠ = 2.4$
[3단계] 9.6÷8의 몫과 4.8을 비교하여 ㉡에 알맞은 수 구하기	$9.6 ÷ 8 = 1.2$ $×\frac{1}{☐}$ ↓ $×4 ⇨ ㉡=8×\frac{1}{☐}=☐$ $9.6 ÷ ㉡ = 4.8$

유제 **9** 10.8÷3의 몫을 이용하여 ㉠과 ㉡에 알맞은 수를 각각 구해 보세요.

$$10.8÷㉠=1.2 \qquad 10.8÷㉡=0.9$$

㉠ (   ), ㉡ (   )

 유제 **10** 18÷12의 몫을 이용하여 ㉠과 ㉡에 알맞은 수를 각각 구해 보세요.

$$18÷㉠=0.5 \qquad ㉡÷12=0.75$$

㉠ (   ), ㉡ (   )

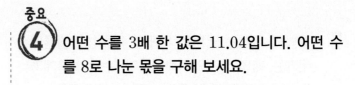
1 빈칸에 알맞은 수를 써넣으세요.

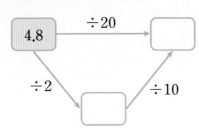

2 □ 안에 알맞은 수를 써넣으세요.

(1) $8 \div 4 = $ ☐

$1 \div 4 = $ ☐

$9 \div 4 = $ ☐

(2) $2.4 \div 8 = $ ☐

$0.16 \div 8 = $ ☐

$2.56 \div 8 = $ ☐

3 □ 안에 들어갈 수 있는 자연수를 모두 써 보세요.

$$45.72 \div 9 < \boxed{} < 77.22 \div 11$$

(   )

중요
4 어떤 수를 3배 한 값은 11.04입니다. 어떤 수를 8로 나눈 몫을 구해 보세요.

(   )

5 ㉠▲㉡을 다음과 같이 약속할 때, 5▲8을 계산해 보세요.

$$㉠▲㉡ = ㉠ \div ㉡ + ㉡ \div ㉠$$

(   )

6 수를 넣으면 5배가 되어 나오는 상자가 있습니다. 이 상자에 ㉠을 넣어서 나온 수를 다시 넣었더니 36이 나왔습니다. ㉠에 알맞은 수를 구해 보세요.

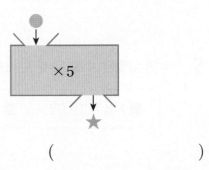

(   )

7 수박의 무게는 멜론의 무게의 4배이고, 멜론의 무게는 배의 무게의 3배입니다. 수박의 무게가 5.4 kg이라면 배의 무게는 몇 kg인가요?

(   )

8 수지네 가족은 10 kg짜리 쌀 한 포대를 샀습니다. 여행을 간 이틀을 제외하고 매일 일정한 양을 사용하여 밥을 하였더니 일주일 뒤에 남은 쌀의 양이 6.8 kg이었습니다. 하루에 사용한 쌀의 양은 몇 kg인가요?

(   )

9 ▲에 알맞은 수를 구해 보세요.

$$■ × 8 = 49.92 \qquad ■ ÷ 3 = 4 × ▲$$

(   )

10 두 나눗셈의 몫이 같을 때, ㉠을 5로 나눈 몫을 구해 보세요.

$$21.35 ÷ 7 \qquad ㉠ ÷ 4$$

(   )

11 삼각형 ㄱㄴㅁ의 넓이는 직사각형 ㄱㄴㄷㄹ의 넓이의 0.3배입니다. 선분 ㄴㅁ의 길이는 몇 cm인가요?

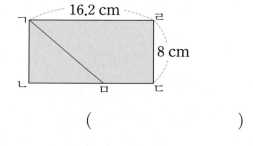

(   )

12 철사로 다음과 같은 직사각형 모양을 만든 후 다시 펴서 가장 큰 정사각형 모양을 만들었습니다. 만든 정사각형 모양의 한 변은 몇 cm인가요?

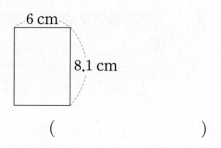

(   )

13 가로가 22.5 cm, 세로가 31 cm인 직사각형 모양의 피자를 잘라서 1조각에 2000원씩 팔려고 합니다. 1조각의 넓이가 90 cm²가 되도록 자른다면 피자를 팔아서 벌 수 있는 돈은 최대 얼마인가요?

(   )

중요
14 휘발유 1 L로 12 km를 가는 자동차를 타고 97.8 km 떨어진 공원에 가려고 합니다. 휘발유 1 L의 값이 1600원일 때 공원까지 가는 데 필요한 휘발유의 값은 얼마인가요?

(   )

15 4일 동안 5분씩 늦어지는 시계가 있습니다. 오늘 오전 9시에 이 시계를 정확히 맞추었다면 3일 후 오전 9시에 이 시계가 가리키는 시각은 정확한 시각보다 몇 분 더 늦나요?

(   )

16 둘레가 25.6 cm인 정사각형 ㄱㄴㄷㄹ의 각 변의 가운데 점을 이어서 작은 정사각형을 만들었습니다. 색칠한 정사각형의 넓이는 몇 cm²인가요?

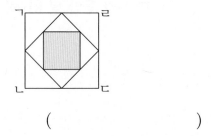

(   )

17 15÷9를 소수 첫째 자리에서 나누어떨어지게 하려면 나누어지는 수에 적어도 얼마를 더해야 하나요?

(   )

18 어떤 나눗셈의 몫을 쓰는 데 잘못하여 소수점을 오른쪽으로 두 칸 옮겨 적었더니 바르게 계산한 몫과의 차가 11.88이 되었습니다. 바르게 계산한 몫을 구해 보세요.

(   )

고수 비법

1 은수네 집에서 할아버지 댁까지 가는 데 한 시간에 120 km씩 일정한 빠르기로 가는 기차를 타고 2시간 15분 동안 갔더니 할아버지 댁까지 남은 거리가 3.2 km였습니다. 은수네 집에서 할아버지 댁까지 일정한 빠르기로 가는 자동차로 4시간이 걸렸다면 자동차는 한 시간 동안 몇 km를 간 건가요?

(   )

(한 시간 동안 가는 거리)
=(■시간 동안 간 거리)÷(■시간)

2 길이가 18.2 m인 끈을 길이가 다른 두 도막으로 자른 다음 그중 긴 도막을 3명이 똑같이 나누어 가지려고 합니다. 긴 도막의 길이가 짧은 도막의 길이의 6배일 때, 한 명이 가지게 될 끈의 길이는 몇 m인가요?

(   )

짧은 도막의 길이를 □ m라 하면 긴 도막의 길이는 (□×6) m입니다.

3 그림과 같이 합동인 직사각형 9개를 일정한 간격으로 겹치게 이어 붙였습니다. 이어 붙인 도형의 전체 넓이가 292 cm²일 때, 직사각형을 몇 cm씩 겹쳐서 붙인 것인지 구해 보세요.

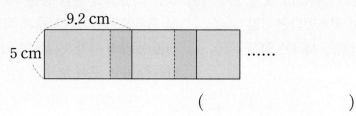

(   )

먼저 전체 도형의 넓이를 이용하여 이어 붙인 도형의 가로를 구합니다.

4 수아는 오른쪽 그림과 같이 정사각형 모양의 도화지를 크기가 같은 3개의 직사각형으로 잘라 이름표를 만들었습니다. 이름표 1개의 둘레가 25.2 cm일 때, 처음 도화지의 둘레는 몇 cm인가요?

( )

고수 비법

이름표 1개의 가로는 세로의 몇 배인지 알아봅니다.

경시 문제 맛보기

5 어떤 정사각형의 가로를 1.6배, 세로를 5배 하여 직사각형을 만들었습니다. 새로 만든 직사각형의 넓이가 처음 정사각형의 넓이보다 11.83 cm²만큼 더 넓을 때, 처음 정사각형의 넓이는 몇 cm²인가요?

( )

새로 만든 직사각형의 넓이는 처음 정사각형의 넓이의 몇 배인지 알아봅니다.

창의·융합 UP

6 평면도는 집의 구조적 모습을 보기 위해 수평으로 나타낸 그림입니다. 오른쪽 그림과 같은 직사각형 모양의 평면도에서 집 전체의 넓이가 60.48 m²일 때, 방 1과 넓이가 같고 세로가 4 m인 직사각형의 가로는 몇 m인지 구해 보세요.

( )

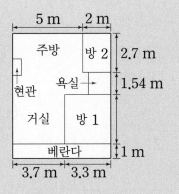

방 1의 넓이를 이용하여 넓이가 같은 직사각형의 가로를 구합니다.

1 4.83÷7의 몫은 483÷7의 몫의 몇 배인가요?

(　　　　　　　　)

중요
2 계산한 값이 다른 하나를 찾아 기호를 써 보세요.

> ㉠ 15.63÷3
> ㉡ 156.3÷30
> ㉢ 1.563÷300

(　　　　　　　　)

3 몫의 소수 첫째 자리가 0인 나눗셈을 모두 찾아 기호를 써 보세요.

> ㉠ 18.24÷3　　㉡ 21.84÷7
> ㉢ 37.25÷5　　㉣ 27.54÷9

(　　　　　　　　)

4 몫이 큰 것부터 차례로 기호를 써 보세요.

> ㉠ 31.86÷6
> ㉡ 31.92÷8
> ㉢ 30.24÷9

(　　　　　　　　)

5 다음 식을 이용하여 ㉠에 알맞은 수를 구해 보세요.

> 376÷8=47

⇨ ㉠÷8=0.47

(　　　　　　　　)

6 넓이가 5.76 m²인 정사각형을 오른쪽과 같이 8등분 했습니다. 색칠한 부분의 넓이는 몇 m²인가요?

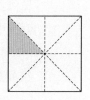

(　　　　　　　　)

7 몫이 1보다 작은 나눗셈을 찾아 기호를 써 보세요.

> ㉠ 14.3÷11   ㉡ 11.04÷12
> ㉢ 10.9÷10   ㉣ 19.8÷9

(   )

8 빈칸에 알맞은 수를 써넣으세요.

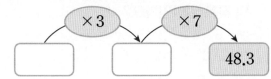

9 가◎나를 다음과 같이 약속할 때, 27.9◎6을 계산해 보세요.

> 가◎나＝(가－나)÷나

(   )

10 물 5.28 L에 매실 원액을 섞어서 매실 주스를 만들었습니다. 물의 양이 매실 원액의 양의 4배일 때, 매실 주스의 양은 몇 L인가요?

(   )

11 한 변이 9.2 cm인 정사각형 모양의 색종이를 똑같은 직사각형 모양 4개로 잘랐습니다. 직사각형 모양 한 개의 넓이는 몇 cm²인가요?

(   )

12 다음 평행사변형과 직사각형의 넓이가 같을 때 직사각형의 세로는 몇 m인가요?

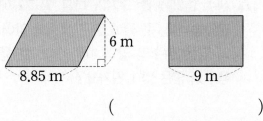

(   )

13 태양을 중심으로 행성들이 주변을 돌고 있는 공간을 '태양계'라고 합니다.

지구의 반지름을 2라고 할 때 태양계에 있는 행성 8개의 반지름은 다음과 같습니다. 반지름이 지구의 반지름의 0.5배인 행성을 찾고, 토성의 지름은 이 행성의 지름의 몇 배인지 구해보세요.

행성	반지름	행성	반지름
수성	0.8	목성	22.4
금성	1.8	토성	18.8
지구	2	천왕성	8
화성	1	해왕성	7.8

( ), ( )

14 생수 9.25 L를 크기가 다른 통 2개에 나누어 담았습니다. 큰 통에 담은 생수의 양이 작은 통에 담은 생수의 양의 4배일 때, 큰 통에 담은 생수의 양은 몇 L인가요?

( )

15 무게가 똑같은 사과 8개가 들어 있는 상자 9개의 무게를 재었더니 28.08 kg이었습니다. 상자만의 무게가 0.32 kg일 때, 사과 한 개의 무게는 몇 kg인가요?

( )

중요
16 휘발유 3 L로 42 km를 가는 자동차가 있습니다. 휘발유 1 L의 값이 1500원일 때, 이 자동차로 193.48 km를 가는 데 필요한 휘발유의 값은 얼마인가요?

( )

17 오른쪽 그림과 같은 직각삼각형 모양의 벽을 칠하는 데 4 L의 페인트를 사용했습니다. 7 L의 페인트로 칠할 수 있는 직사각형 모양 벽의 가로가 5 m라면 세로는 몇 m인가요?

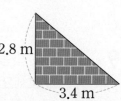

2.8 m
3.4 m

( )

18 몫의 크기를 비교하여 ☐ 안에 들어갈 수 있는 소수 두 자리 수는 모두 몇 개인지 풀이 과정을 쓰고 답을 구해 보세요.

$$4.08 \div 8 < \boxed{} < 6.6 \div 12$$

풀이 _____

_____

_____

답 _____

19 오른쪽 그림은 넓이가 112.4 cm^2인 정사각형 ㄱㄴㄷㄹ을 8등분 한 것입니다. 색칠한 부분의 넓이는 몇 cm^2인지 풀이 과정을 쓰고 답을 구해 보세요.

풀이 _____

_____

_____

답 _____

20 3장의 수 카드를 모두 한 번씩 사용하여 만들 수 있는 소수 두 자리 수를 12로 나누려고 합니다. 나올 수 있는 몫 중에서 가장 큰 몫은 얼마인지 풀이 과정을 쓰고 답을 구해 보세요.

$$\boxed{4} \quad \boxed{5} \quad \boxed{6}$$

풀이 _____

_____

_____

답 _____

21 길이가 105 m인 기차가 1분에 1.5 km씩 일정한 빠르기로 길이가 851.25 m인 다리를 건너가려고 합니다. 기차가 다리를 완전히 건너가는 데 걸리는 시간은 몇 초인지 풀이 과정을 쓰고 답을 구해 보세요.

풀이

답

22 오른쪽 그림은 넓이가 같은 직각삼각형 ㄱㄴㄷ과 직사각형 ㄹㅁㅂㅅ을 겹쳐 놓은 것입니다. 삼각형 ㄹㄴㅁ의 넓이가 6.3 cm²일 때, 변 ㄱㄷ의 길이는 몇 cm인지 풀이 과정을 쓰고 답을 구해 보세요.

풀이

답

4

비와 비율

4 비와 비율

1 두 양의 크기 비교하기

체육대회를 위해 남학생 6명과 여학생 4명으로 한 모둠을 구성하려고 합니다. 남학생 수와 여학생 수를 비교해 보세요.

- 뺄셈으로 비교하기: $6-4=2$로 남학생은 여학생보다 2명 더 많습니다.
- 나눗셈으로 비교하기: $6÷4=1.5$로 남학생 수는 여학생 수의 1.5배입니다.

➪ 뺄셈으로 비교한 경우에는 모둠 수에 따라 남학생 수와 여학생 수의 관계가 변하지만 나눗셈으로 비교한 경우에는 남학생 수와 여학생 수의 관계가 변하지 않습니다.

2 비

- 비: 두 수를 나눗셈으로 비교하기 위해 기호 :을 사용한 것

$$3 : 4 \begin{cases} 3 \text{ 대 } 4 \\ 3\text{과 } 4\text{의 비} \\ 4\text{에 대한 } 3\text{의 비} \\ 3\text{의 } 4\text{에 대한 비} \end{cases}$$

3 비율

- 기준량: 기호 :의 오른쪽에 있는 수
- 비교하는 양: 기호 :의 왼쪽에 있는 수

$$\underset{\text{비교하는 양}}{\blacksquare} : \underset{\text{기준량}}{\blacktriangle}$$

- 비율: 기준량에 대한 비교하는 양의 크기

$$(비율)=(비교하는\ 양)÷(기준량)=\frac{(비교하는\ 양)}{(기준량)}$$

예 비 $6 : 8$을 비율로 나타내면 $\frac{6}{8}\left(=\frac{3}{4}\right)$ 또는 0.75입니다.

개념 PLUS⁺

 4. 비례식과 비례배분

▶ 비례식: 비율이 같은 두 비를 등호를 사용하여 나타낸 식

$$\underset{\substack{\text{전항 후항 전항 후항}}}{\overset{\substack{외항 \\ 내항}}{2 : 3 = 4 : 6}}$$

- 비의 전항과 후항에 0이 아닌 같은 수를 곱해도 비율은 같습니다.
- 비의 전항과 후항을 0이 아닌 같은 수로 나누어도 비율은 같습니다.
- 비례식에서 외항의 곱과 내항의 곱은 같습니다.
  예 $8 : 3 = 16 : \blacksquare$에서
  $8 × \blacksquare = 3 × 16$이므로
  $\blacksquare = 6$입니다.

▶ 비례배분: 전체를 주어진 비로 나누는 것
  예 귤 32개를 지우와 라하가 $3 : 5$의 비로 나누어 가지려고 합니다.

  $(지우가\ 갖는\ 귤)=32 × \frac{3}{3+5}$
  $=12(개)$

  $(라하가\ 갖는\ 귤)=32 × \frac{5}{3+5}$
  $=20(개)$

4 비율이 사용되는 경우

속력	걸린 시간에 대한 간 거리의 비율 예 2시간 동안 160 km를 갈 때 속력은 $\dfrac{160}{2}=80$(km/시)입니다.
인구 밀도	넓이에 대한 인구의 비율 예 넓이가 $3\ km^2$인 지역의 인구가 150명일 때 인구 밀도는 $\dfrac{150}{3}=50$(명/km²)입니다.
색의 진하기	기준이 되는 색의 양에 대한 비교하는 색의 양의 비율 예 흰색 물감 150 mL에 검은색 물감 10 mL를 섞었 을 때 회색의 진하기는 $\dfrac{10}{150}=\dfrac{1}{15}$입니다.

참고 이외에도 야구 선수의 타율, 지도의 축척, 신체의 비율 등이 있습니다.

▶ (속력)
$=\dfrac{(간\ 거리)}{(걸린\ 시간)}$

▶ (인구 밀도)
$=\dfrac{(인구)}{(넓이(km^2))}$

▶ (진하기)
$=\dfrac{(비교하는\ 양)}{(기준이\ 되는\ 양)}$

5 백분율

- 백분율: 기준량을 100으로 할 때의 비율
- 백분율은 기호 %를 사용하여 나타냅니다.
  예 비율 $\dfrac{65}{100}$를 65 %라 쓰고 65퍼센트라고 읽습니다.
- 백분율 구하는 방법

방법1 기준량이 100인 비율로 나타내기
$$\frac{4}{25}=\frac{16}{100}=16\,\%$$

방법2 비율에 100을 곱하고 %로 나타내기
$$\frac{4}{25}\times100=16(\%)$$

▶ 백분율을 소수나 분수로 나타낼 때는 백분율에서 % 기호를 뗀 후 100으로 나눕니다.

6 백분율이 사용되는 경우

할인율	원래 가격에 대한 할인 금액의 비율 예 5000원인 모자를 3000원에 판매할 때의 할인율은 $\dfrac{2000}{5000}\times100=40(\%)$입니다.
용액의 진하기	용액의 양에 대한 용질의 양의 비율 예 소금 45 g을 녹여 소금물 300 g을 만들었을 때 소금물의 진하기는 $\dfrac{45}{300}\times100=15(\%)$입니다.

▶ (할인율)(%)
$=\dfrac{(할인\ 금액)}{(원래\ 가격)}\times100$

▶ (용액의 진하기)(%)
$=\dfrac{(용질의\ 양)}{(용액의\ 양)}\times100$

두 양의 크기 비교하기

1 남학생 수와 여학생 수를 뺄셈과 나눗셈으로 각각 비교해 보고, 어떤 차이가 있는지 써 보세요.

모둠 수	1	2	3	4
남학생 수(명)	6	12	18	24
여학생 수(명)	3	6	9	12

• 뺄셈: _____

• 나눗셈: _____

⇨ 차이: _____

비

2 ☐ 안에 알맞은 수를 써넣으세요.

(1) 5와 9의 비 ⇨ ☐ : ☐

(2) 7에 대한 8의 비 ⇨ ☐ : ☐

(3) 6의 3에 대한 비 ⇨ ☐ : ☐

비

3 전체에 대한 색칠한 부분의 비가 3 : 8이 되도록 색칠해 보세요.

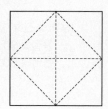

비

4 학교 강당에 걸린 태극기의 가로는 75 cm이고, 세로는 50 cm입니다. 태극기의 세로에 대한 가로의 비를 써 보세요.

(   )

비

5 지호가 비에 대해 이야기한 것이 맞는지 틀린지 ○표 하고, 이유를 써 보세요.

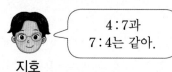

4 : 7과
7 : 4는 같아.

지호

(맞습니다, 틀립니다)

이유 _____

_____

비율

6 바구니에 담긴 귤 27개 중 12개를 먹었습니다. 처음 귤의 수에 대한 남은 귤의 수의 비율을 분수로 나타내어 보세요.

(   )

비율

7 가와 나 두 삼각형의 밑변에 대한 높이의 비율을 비교해 보세요. (단, 밑변은 가장 짧은 변입니다.)

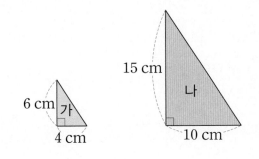

비율이 사용되는 경우

10 다음 표를 보고 ㉮와 ㉯ 두 지역의 넓이에 대한 인구의 비율을 각각 구하고, 두 지역 중 인구가 더 밀집한 곳은 어디인지 써 보세요.

지역	㉮	㉯
인구(명)	6840	5510
넓이(km^2)	76	58

㉮ (   )

㉯ (   )

인구가 더 밀집한 곳 (   )

비율

8 다음 비 중 비율이 1보다 큰 것을 모두 찾아 기호를 써 보세요.

> ㉠ 13 : 20   ㉡ 11 : 8
> ㉢ 9 : 15   ㉣ 16 : 12

(   )

백분율

11 넓이가 25 m^2인 마당에 넓이가 8 m^2인 화단을 만들려고 합니다. 마당 넓이에 대한 화단 넓이의 비율을 백분율로 나타내어 보세요.

(   )

비율이 사용되는 경우

9 은정이가 자전거를 타고 24분 동안 간 거리는 3600 m입니다. 은정이가 자전거를 타고 가는 데 걸린 시간에 대한 간 거리의 비율을 구해 보세요.

(   )

백분율이 사용되는 경우

12 물 140 g에 소금 20 g을 녹여 소금물을 만들었습니다. 이 소금물의 진하기는 몇 %인가요?

(   )

STEP 1 고수 대표유형문제

1 비율 알아보기

대표문제 직사각형의 둘레가 40 cm일 때, 이 직사각형의 가로에 대한 세로의 비율을 기약분수로 나타내어 보세요.

8 cm

(   )

| 풀이 |

[1단계] 직사각형의 가로 구하기	직사각형의 가로를 ■ cm라 하면 (■+8)×2=40, ■+8=20, ■=⬜입니다.
[2단계] 직사각형의 가로에 대한 세로의 비율 구하기	따라서 직사각형의 가로에 대한 세로의 비율은 $\dfrac{(직사각형의\ 세로)}{(직사각형의\ 가로)}=\dfrac{8}{\Box}=\dfrac{\Box}{\Box}$입니다.

유제 1 오른쪽 마름모의 넓이가 42 cm²일 때, 이 마름모의 긴 대각선의 길이에 대한 짧은 대각선의 길이의 비율을 기약분수로 나타내어 보세요.

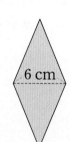

6 cm

(   )

유제 2 오른쪽 직각삼각형의 넓이가 96 cm²일 때, 가장 긴 변의 길이에 대한 가장 짧은 변의 길이의 비율을 소수로 나타내어 보세요.

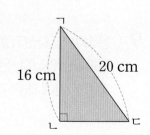

16 cm   20 cm

(   )

② 가격과 비율 알아보기

대표문제 오른쪽 표는 어느 옷가게에서 판매하는 티셔츠와 바지의 정가와 판매 가격을 나타낸 것입니다. 할인율이 더 높은 의류는 어느 것인지 구해 보세요.

의류	티셔츠	바지
정가(원)	8000	12000
판매 가격(원)	6400	9000

(   )

| 풀이 |

[1단계] 티셔츠의 할인율 구하기	(티셔츠의 할인 금액)$=8000-6400=$ ☐ (원) (티셔츠의 할인율)$=\dfrac{\boxed{}}{8000}=\dfrac{1}{5}$
[2단계] 바지의 할인율 구하기	(바지의 할인 금액)$=12000-9000=3000$(원) (바지의 할인율)$=\dfrac{\boxed{}}{12000}=\dfrac{1}{\boxed{}}$
[3단계] 할인율이 더 높은 의류 알아보기	$\dfrac{1}{5}<\dfrac{1}{4}$이므로 ☐ 의 할인율이 더 높습니다.

유제 3 오른쪽 표는 어느 서점에서 판매하는 책의 정가와 판매 가격을 나타낸 것입니다. 할인율이 더 낮은 책은 어느 것인지 구해 보세요.

책 종류	위인전	과학책
정가(원)	24000	20000
판매 가격(원)	19200	17000

(   )

유제 4 다음은 어느 마트에서 어제와 오늘 판매한 당근의 가격을 나타낸 표입니다. 오늘은 어제보다 당근 1개의 값이 몇 % 떨어졌는지 구해 보세요.

어제	오늘
당근 5개 4500원	당근 4개 2520원

(   )

3 비교하는 양과 기준량 구하기

대표문제 선우네 학교 학생은 모두 600명입니다. 그중 47 %가 여학생일 때, 남학생은 여학생보다 몇 명 더 많은지 구해 보세요.

(   )

| 풀이 |

[1단계] 여학생 수 구하기	(여학생 수)$=600\times\dfrac{47}{100}=$ ☐ (명)입니다.
[2단계] 남학생 수 구하기	(남학생 수)$=600-$ ☐ $=$ ☐ (명)입니다.
[3단계] 남학생은 여학생보다 몇 명 더 많은지 구하기	따라서 남학생은 여학생보다 $318-282=$ ☐ (명) 더 많습니다.

유제 5 민우네 학교 남학생은 전체 학생의 45 %입니다. 전체 학생이 320명이면 민우네 학교의 여학생은 몇 명인지 구해 보세요.

(   )

유제 6 민아와 현태는 같은 학교에 다닙니다. 다음을 보고, 여학생은 몇 명인지 구해 보세요.

우리 학교 학생의 10 %인 25명이 안경을 썼네!

우리 학교는 여학생이 남학생보다 적어. 전체 학생의 42 %밖에 안 돼!

민아

현태

(   )

4 원리금 구하기

대표 문제	30000원을 1년 동안 예금하면 이자로 2100원을 주는 은행이 있습니다. 이 은행에 50만 원을 예금하면, 1년 뒤 받는 원리금은 모두 얼마인지 구해 보세요. (단, 원리금은 원금에 이자를 합한 금액입니다.)

(   )

풀이		
[1단계] 1년 동안의 이자율 구하기	(1년 동안의 이자율)$=\dfrac{2100}{30000}=$ &boxed; 입니다.	
[2단계] 1년 동안의 이자 구하기	(50만 원을 예금할 때 1년 동안의 이자) $=500000\times$ ☐ $=$ ☐ (원)입니다.	
[3단계] 1년 뒤 받는 원리금 구하기	(1년 뒤 받는 원리금)=(원금)+(1년 동안의 이자) $=500000+$ ☐ $=$ ☐ (원)입니다.	

유제 7 '단리'는 저축한 원금에만 이자가 붙는 방식입니다. 25000원을 1년 동안 예금하면 이자로 1000원을 주는 은행에 단리로 60만 원을 예금하면, 2년 뒤 받는 원리금은 모두 얼마인지 구해 보세요.
(단, 원리금은 원금에 이자를 합한 금액입니다.)

(   )

유제 8 '복리'는 원리금에 이자가 붙는 방식입니다. 40000원을 1년 동안 예금하면 이자로 2000원을 주는 은행에 복리로 30만 원을 예금하면, 2년 뒤 받는 원리금은 모두 얼마인지 구해 보세요.
(단, 원리금은 원금에 이자를 합한 금액입니다.)

(   )

5 용액의 진하기 구하기

대표
문제
진하기가 20 %인 소금물 200 g과 진하기가 30 %인 소금물 300 g을 섞으면 소금물의 진하기는 몇 %가 되는지 구해 보세요. (단, '소금물의 진하기'는 소금물의 양에 대한 소금 양의 비율입니다.)

(   )

| 풀이 |

[1단계] 각각 녹아 있는 소금의 양 구하기	(진하기가 20 %인 소금물 200 g에 들어 있는 소금의 양) $=200 \times \dfrac{20}{100} = 40(\text{g})$입니다. (진하기가 30 %인 소금물 300 g에 들어 있는 소금의 양) $=300 \times \dfrac{30}{100} = \boxed{}(\text{g})$입니다.
[2단계] 섞은 소금물의 양과 섞은 소금의 양 구하기	(섞은 소금물의 양)$=200+300=\boxed{}(\text{g})$ (섞은 소금의 양)$=40+90=\boxed{}(\text{g})$
[3단계] 섞은 소금물의 진하기 구하기	따라서 (섞은 소금물의 진하기)$=\dfrac{\boxed{}}{500} \times 100 = \boxed{}(\%)$ 입니다.

유제 9 진하기가 15 %인 설탕물 800 g과 진하기가 40 %인 설탕물 200 g을 섞으면 설탕물의 진하기는 몇 %가 되는지 구해 보세요. (단, '설탕물의 진하기'는 설탕물의 양에 대한 설탕 양의 비율입니다.)

(   )

유제 10 진하기가 12 %인 소금물 500 g이 있습니다. 여기에 물 몇 g을 넣었더니 진하기가 8 %가 되었습니다. 넣은 물은 몇 g인지 구해 보세요. (단, '소금물의 진하기'는 소금물의 양에 대한 소금 양의 비율입니다.)

(   )

1 마름모 ㉮의 넓이에 대한 평행사변형 ㉯의 넓이의 비를 써 보세요.

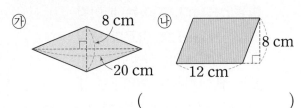

(   )

2 학급 문고에 있는 책의 종류를 나타낸 표입니다. 과학책이 동화책보다 2권 적을 때, 전체 책수에 대한 과학책 수의 비를 써 보세요.

책의 종류	과학책	위인전	동화책
책 수(권)		10	11

(   )

중요
3 평행사변형의 네 변의 길이의 합은 20 cm이고, 넓이는 18 cm²입니다. 밑변의 길이에 대한 높이의 비율을 기약분수로 나타내어 보세요.

4 cm

(   )

4 다음을 모두 만족하는 비를 써 보세요.

> • 비율이 0.4입니다.
> • 기준량과 비교하는 양의 합이 35입니다.

(   )

5 어느 가게에서 모자와 가방을 할인하여 판매하려고 합니다. 표를 보고, 모자의 할인율과 가방의 할인율은 각각 몇 %인지 구해 보세요.

물건	모자	가방
원래 가격(원)	20000원	36000원
판매 가격(원)	15000원	28800원

모자 (   )
가방 (   )

6 현아네 반 학생은 26명입니다. 그중 15명은 경시대회에 참여했고 나머지는 참여하지 않았습니다. 전체 학생 수에 대한 경시대회에 참여하지 않은 학생 수의 비를 써 보세요.

(   )

중요

7 기준량이 비교하는 양보다 작은 경우는 모두 몇 개인지 구해 보세요.

| 0.82 | $\dfrac{10}{9}$ | 95 % | 1.4 |

( )

8 '득표율'은 전체 투표수에 대한 득표 수의 비율을 나타냅니다. 어느 지역에서 동대표를 뽑기 위해 1200명이 투표에 참여해 득표율 48 % 로 ㉠ 후보가 당선되었습니다. ㉠ 후보의 득표 수를 구해 보세요. (단, 무효표는 없습니다.)

( )

9 은우가 그린 마을 지도에서 학교에서 도서관까지의 거리는 5 cm입니다. 학교에서 도서관까지의 실제 거리가 300 m이면 학교에서부터 도서관까지 실제 거리에 대한 지도에서 거리의 비율을 기약분수로 나타내어 보세요.

( )

창의·융합 수학＋과학

10 지아와 민호는 베이킹소다에 아로마 오일을 섞어 방향제를 만들었습니다. 지아는 베이킹소다 200 mL에 아로마 오일 30 mL를 넣어 만들었고, 민호는 베이킹소다 300 mL에 아로마 오일 50 mL를 넣어 만들었습니다. 누가 만든 방향제의 향이 더 진한가요?

( )

11 양변기를 생산하는 공장에서 작년에 2000개를 만들었을 때 70개의 불량품이 나왔다고 합니다. 올해에는 양변기를 2600개 생산하기로 했습니다. 작년보다 불량률을 낮추려면 불량품은 몇 개 이하여야 하나요?

( )

12 '타율'은 전체 타수에 대한 안타 수의 비율을 나타냅니다. 전체 타수가 150개인 야구 선수의 타율이 0.24이면 이 야구 선수는 안타를 몇 개 쳤나요?

( )

중요

13 한 변이 20 cm인 정사각형의 각 변의 길이를 30 %씩 늘인다면 늘인 정사각형의 넓이는 처음 정사각형의 넓이보다 몇 cm^2 늘어나나요?

( )

14 '복리'는 원리금에 이자가 붙는 방식입니다. 60000원을 1년 동안 예금하면 이자로 2400원을 주는 은행에 복리로 40만 원을 예금하면, 2년 뒤 받는 이자는 얼마인가요?

( )

15 어느 문구점에서 연필깎이를 8000원에 들여와서 40 %의 이익을 붙여 정가를 정했습니다. 하지만 이 연필깎이가 팔리지 않아 정가의 20 %를 할인하여 팔았습니다. 연필깎이 1개를 팔아 얻는 이익은 얼마인가요?

( )

16 영호와 민아가 각자의 집에서 상대방의 집을 향하여 동시에 출발하였더니 15분 만에 만났습니다. 영호가 간 거리와 민아가 간 거리의 비가 4 : 3일 때, 영호가 민아를 만날 때까지 걸린 시간에 대한 간 거리의 비율을 구해 보세요.

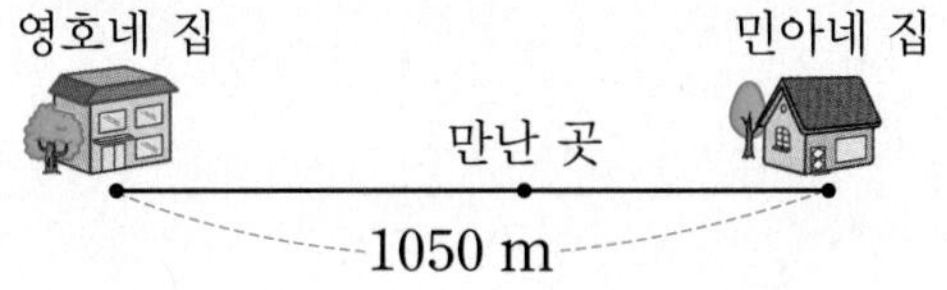

영호네 집   민아네 집

만난 곳

1050 m

( )

17 진하기가 10 %인 설탕물 180 g이 있습니다. 여기에 설탕 몇 g을 넣어야 19 %의 설탕물이 되나요?

( )

18 올해 지하철과 버스 요금이 작년보다 각각 15 %, 40 % 올라서 1380원, 1260원이 되었습니다. 작년 지하철 요금은 버스 요금보다 얼마나 비쌌나요?

( )

1 오른쪽 삼각형에서 삼각형 ㄱㄹㅁ과 삼각형 ㄱㄴㄷ의 넓이의 비를 써 보세요.

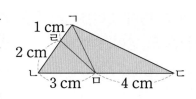

(   )

고수 비법

높이가 같은 삼각형은 밑변의 길이의 비와 넓이의 비가 같습니다.
예)

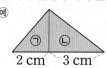

2 cm   3 cm
(㉠의 넓이) : (㉡의 넓이)＝2 : 3

2 ㉯에 대한 ㉮의 비율은 2.75이고, ㉯의 ㉰에 대한 비율은 0.8입니다. ㉮와 ㉰의 비율을 소수로 나타내어 보세요.

(   )

비율을 기약분수로 나타내어 생각해 봅니다.

3 ㉮ 마을의 넓이는 ㉯ 마을의 넓이보다 2 km²가 더 넓지만 사람 수는 ㉯ 마을 사람 수 430명보다 199명이 더 적다고 합니다. ㉯ 마을의 넓이에 대한 인구의 비율이 86일 때, ㉮ 마을의 넓이에 대한 인구의 비율을 구해 보세요.

(   )

㉯ 마을의 넓이를 먼저 구해 봅니다.

경시 문제 맛보기

4 주아네 학교 6학년 학생 중에서 $\frac{4}{7}$는 축구를 좋아하고, 축구를 좋아하는 학생 중 8 %는 수영을 좋아합니다. 축구를 좋아하는 학생 중에서 수영을 좋아하는 학생이 8명일 때, 주아네 학교 6학년 학생은 모두 몇 명인가요?

( )

고수 비법

전체 학생 수를 □명으로 하는 식을 세워 봅니다.

5 진우와 진영이가 같은 곳에서 동시에 같은 방향으로 진우는 1분에 48 m를 가는 빠르기로, 진영이는 1분에 72 m를 가는 빠르기로 걸었습니다. 두 사람 사이의 거리가 312 m가 되었다면 진영이가 간 거리는 몇 m인가요?

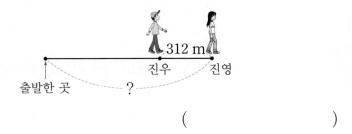

( )

두 사람이 걸은 시간을 □분으로 하여 식을 세워 봅니다.

창의·융합 UP

6 다음은 표준 몸무게와 경도비만 몸무게를 구하는 방법입니다. 키가 150 cm인 사람이 경도비만이 될 수 있는 몸무게의 범위는 몇 kg 이상 몇 kg 미만인지 구해 보세요.

수학 + 체육

- 표준 몸무게(kg): ((키)−100)×0.9
- 경도비만 몸무게: 표준 몸무게의 120 % 이상 135 % 미만

( )

먼저 표준 몸무게를 알아봅니다.

1 수영장에 있는 사람 35명 중 여자는 19명입니다. 전체 사람 수에 대한 남자 수의 비를 써 보세요.

(   )

2 그림을 보고 전체에 대한 색칠한 부분의 비를 써 보세요.

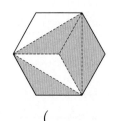

(   )

중요
3 기준량이 8인 비를 모두 찾아 기호를 써 보세요.

> ㉠ 5의 8에 대한 비
> ㉡ 8의 5에 대한 비
> ㉢ 8과 5의 비
> ㉣ 8에 대한 5의 비

(   )

4 빈칸에 비교하는 양과 기준량을 찾아 쓰고, 비율을 기약분수로 구해 보세요.

비	16 : 20	4와 32의 비	12에 대한 54의 비
비교하는 양			
기준량			
비율			

5 비율이 <u>다른</u> 하나를 찾아 기호를 써 보세요.

> ㉠ 6 : 15   ㉡ $\dfrac{35}{75}$ ㉢ 40 %   ㉣ 0.4

(   )

6 백미 8컵, 현미 6컵에 물을 백미와 현미를 합한 것보다 2컵 더 많이 넣어서 밥을 지었습니다. 물의 양에 대한 곡식 양의 비율을 기약분수로 나타내어 보세요. (단, 넣은 곡식은 백미와 현미뿐입니다.)

(   )

중요

7 비율이 큰 순서대로 기호를 써 보세요.

$$\bigcirc\ 1.12 \qquad \bigcirc\ \frac{13}{20} \qquad \bigcirc\ 82\,\%$$

( )

8 어느 야구 선수가 60타수 중에서 안타를 21개 쳤습니다. 이 야구 선수의 타율은 몇 %인가요? (단, 타율은 전체 타수에 대한 안타 수의 비율입니다.)

( )

9 기준량과 비교하는 양의 차가 12인 비의 비율을 백분율로 나타내면 62.5 %입니다. 이 비의 기준량과 비교하는 양의 합을 구해 보세요.

( )

10 현아는 지난달 용돈 50000원을 받아 7500원을 저금하였습니다. 이번 달에는 지난달보다 용돈을 20 % 더 받아 12000원을 저금하였습니다. 이번 달은 지난달보다 몇 %p 더 저금했나요? (단, %p는 두 백분율의 차이를 나타낼 때 쓰는 단위입니다.)

( )

11 '축척'은 실제 거리에 대한 지도에서의 거리의 비율입니다. 축척이 $\frac{1}{150}$인 지도에서 A 지점에서 B 지점까지의 거리가 6 cm이면 A 지점에서 B 지점까지의 실제 거리는 몇 m인가요?

( )

12 오른쪽 직사각형에서 가로는 20 % 줄이고 세로는 30 % 늘여서 새로운 직사각형을 만들었습니다. 새로 만든 직사각형의 넓이는 몇 cm²인가요?

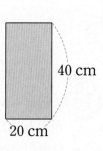

40 cm
20 cm

( )

13 미라는 어제까지 전체가 180쪽인 책의 25 %를 읽었고 오늘은 나머지의 $\frac{4}{9}$를 읽었습니다. 이 책을 전부 읽으려면 앞으로 몇 쪽 더 읽어야 하나요?

(   )

창의·융합 수학＋과학

14 A 시험관의 얼음이 녹아 물이 되면서 높이가 낮아졌습니다. 같은 비율로 B 시험관의 얼음도 녹아 물의 높이가 낮아졌다면 B 시험관의 물의 높이는 몇 cm인가요?

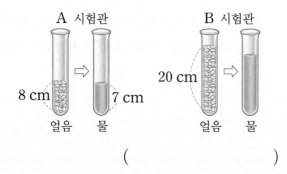

(   )

중요
15 소금물 750 g에 소금 50 g을 더 넣었더니 진하기가 10 %인 소금물이 되었습니다. 처음 소금물의 진하기는 몇 %인가요?

(   )

창의·융합 수학＋과학

16 지구는 태양 주위를 평균 1초에 약 30000 m를 가는 빠르기로 공전하고 있습니다. 지구가 하루 동안 공전하였을 때 움직인 거리는 약 몇 km인가요?

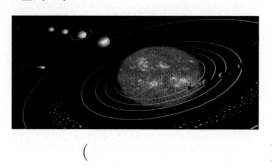

(   )

17 장난감 가게에서 장난감 100개를 개당 4000원에 사 와서 150 %의 이익을 붙여 정가를 정한 후 다음과 같이 모두 팔았습니다. 장난감을 팔아 얻은 이익은 모두 얼마인가요?

판매 가격	개수(개)
정가	60
정가의 20 % 할인	30
정가의 50 % 할인	10

(   )

18 민지와 준수가 두 수를 비교한 것을 보고 어떤 차이가 있는지 설명해 보세요.

민지

올해 나는 13살, 언니는 17살이야. 몇 년 후 나와 언니의 나이를 예상하여 표를 만들어 비교해 봤더니 나는 언니보다 항상 4살이 적었어.

	올해	1년 후	2년 후	3년 후	4년 후
내 나이(살)	13	14	15	16	17
언니 나이(살)	17	18	19	20	21

500원짜리를 100원짜리로 바꾸려고 해. 바꾸려고 하는 500원짜리 수에 따른 100원짜리의 수를 예상하여 표를 만들어 비교해 봤더니 100원짜리 수는 항상 500원짜리 수의 5배야.

준수

500원짜리 동전(개)	1	2	3	4	5
100원짜리 동전(개)	5	10	15	20	25

설명 _____

_____

_____

19 전자제품을 생산하는 어느 공장의 불량률은 4 %입니다. 이 공장에서 생산한 200개의 물건 중에서 2개의 불량품을 걸러 냈다면 아직 찾지 못한 불량품은 몇 개인지 풀이 과정을 쓰고 답을 구해 보세요.

풀이 _____

_____

_____

답 _____

서술형 문제

20 어느 미술관의 작년 관람료는 어른과 어린이의 비가 2 : 1이었습니다. 올해 관람료가 각각 800원씩 올라 현재 어른의 관람료는 2000원입니다. 올해 어린이 관람료는 얼마인지 풀이 과정을 쓰고 답을 구해 보세요.

풀이

답

21 어느 선발대회의 1차 서류 전형 경쟁률은 60 : 1이었고, 1차 통과자 중 85 %가 최종 합격했습니다. 이 선발대회에 지원한 사람이 1200명이었을 때, 최종 합격한 사람은 몇 명인지 풀이 과정을 쓰고 답을 구해 보세요.

풀이

답

22 어느 회사에서는 매년 영업이익의 1 %를 기부합니다. 올해는 작년보다 영업이익이 25 % 늘어 5억 원을 기부했습니다. 작년 영업이익은 얼마인지 풀이 과정을 쓰고 답을 구해 보세요.

풀이

답

5

여러 가지 그래프

5 여러 가지 그래프

1 그림그래프로 나타내기

권역별 동물보호센터 수

권역	센터 수(개)
서울·인천·경기	121
대전·세종·충청	29
광주·전라	51
강원	20
대구·부산·울산·경상	85
제주	1

권역별 동물보호센터 수

🏠100개
🏠10개

- 센터 수를 십의 자리까지 나타내기 위해 일의 자리에서 반올림했습니다.
- 동물보호센터가 가장 많은 권역은 서울·인천·경기이고, 가장 적은 권역은 제주입니다.
- 자료를 표로 나타내면 정확한 수치를 알 수 있고, 그림그래프로 나타내면 권역별로 많고 적음을 쉽게 파악할 수 있습니다.

2 띠그래프 알아보기, 띠그래프로 나타내기

- 띠그래프: 전체에 대한 각 부분의 비율을 띠 모양에 나타낸 그래프
- 띠그래프는 다음 ① ⇨ ② ⇨ ③ ⇨ ④ ⇨ ⑤의 순서로 나타냅니다.

좋아하는 운동별 학생 수

운동	축구	야구	농구	기타	합계
학생 수(명)	16	10	8	6	40
백분율(%)	40	25	20	15	100

└─ ① 각 항목의 백분율 구하기   ② 백분율의 합계가 100 %인지 확인하기

좋아하는 운동별 학생 수 ─ ⑤ 띠그래프의 제목 쓰기

```
0  10  20  30  40  50  60  70  80  90  100(%)
```

축구 (40 %)	야구 (25 %)	농구 (20 %)	기타 (15 %)

④ 나눈 부분에 각 항목의 내용과 백분율 쓰기

└─ ③ 각 항목이 차지하는 백분율의 크기만큼 선을 그어 띠 나누기

개념 **PLUS**⁺

중1 연계 도수분포와 그래프

▸ **줄기와 잎 그림**
어떤 자료를 줄기와 잎을 이용하여 나타낸 그림입니다. 이때 세로 선의 왼쪽에 있는 수를 줄기, 오른쪽에 있는 수를 잎이라고 합니다.

줄넘기 횟수

(3 | 2는 32회)

줄기	잎
3	2 7
4	3 5 5
5	2 9 4 7

▸ **도수분포표**
주어진 자료를 몇 개의 구간으로 나누고 각 구간의 *도수를 조사하여 나타낸 표입니다.

줄넘기 횟수

기록(회)	학생 수(명)
$30^{이상} \sim 40^{미만}$	2
40 ～50	3
50 ～60	4
합계	9

*도수: 각 구간에 속한 자료의 수

▸ **띠그래프 해석하기**
- 야구나 농구를 좋아하는 학생은 전체의 45 %입니다. ⇨ 25＋20＝45(%)
- 야구를 좋아하는 학생의 비율은 농구를 좋아하는 학생의 비율의 1.25배입니다.
  ⇨ 25÷20＝1.25(배)

3 **원그래프 알아보기, 원그래프로 나타내기**

• 원그래프: 전체에 대한 각 부분의 비율을 원 모양에 나타낸 그래프

• 원그래프는 다음 ① ⇨ ② ⇨ ③ ⇨ ④ ⇨ ⑤의 순서로 나타냅니다.

좋아하는 동물별 학생 수

동물	호랑이	코끼리	원숭이	기타	합계
학생 수(명)	20	12	4	4	40
백분율(%)	50	30	10	10	100

└─ ① 각 항목의 백분율 구하기

⇩

② 백분율의 합계가 100 %인지 확인하기

⑤ 원그래프의 제목 쓰기 — 좋아하는 동물별 학생 수

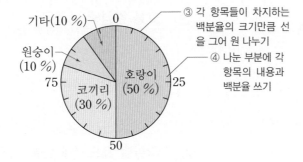

③ 각 항목들이 차지하는 백분율의 크기만큼 선을 그어 원 나누기

④ 나눈 부분에 각 항목의 내용과 백분율 쓰기

▶ **원그래프 해석하기**

• 코끼리나 원숭이를 좋아하는 학생은 전체의 40 %입니다.
  ⇨ 30＋10＝40(%)

• 호랑이를 좋아하는 학생의 비율은 코끼리를 좋아하는 학생의 비율의 약 2배입니다.
  ⇨ 50÷30＝1.6……에서 약 2배입니다.

4 **여러 가지 그래프 비교하기**

• 주어진 자료를 보고 목적에 맞는 그래프로 나타냅니다.

그래프	특징
그림그래프	그림의 크기와 수량의 많고 적음을 쉽게 알 수 있습니다.
띠그래프 원그래프	전체에 대한 각 부분의 비율을 한눈에 알아보기 쉽습니다. 각 항목끼리의 비율도 쉽게 비교할 수 있습니다.
막대그래프	각각의 크기를 비교할 때 편리합니다.
꺾은선그래프	시간에 따라 연속적으로 변하는 양을 나타내는 데 편리합니다.

예 요일별 강낭콩 키의 변화 ⇨ 꺾은선그래프
   권역별 쌀 생산량 ⇨ 그림그래프, 막대그래프, 띠그래프, 원그래프

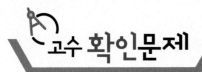

우리나라 권역별 야구 동호회 수를 그림그래프로 나타낸 것입니다. 물음에 답하세요. (1~2)

권역별 야구 동호회 수

권역	수(개)
서울·인천·경기	3130
대전·세종·충청	481
광주·전라	594
강원	289
대구·부산·울산·경상	776
제주	75

⇩

권역별 야구 동호회 수

⚾ 1000개
⚾ 100개

그림그래프로 나타내기

1 권역별 야구 동호회 수를 그림그래프로 나타낼 때, 백의 자리까지 나타내기 위해 어떻게 했는지 써 보세요.

_____

그림그래프로 나타내기

2 자료를 표로 나타냈을 때와 그림그래프로 나타냈을 때 어떤 차이점이 있는지 써 보세요.

_____

_____

어느 지역의 마을별 포도 수확량을 조사하여 나타낸 표입니다. 물음에 답하세요. (3~5)

마을별 포도 수확량

마을	포도 수확량(kg)	백분율(%)
가	480	
나	840	35
다	720	30
라	360	
합계		100

여러 가지 그래프 비교하기

3 표를 완성해 보세요.

여러 가지 그래프 비교하기

4 마을별 포도 수확량을 나타내기에 알맞은 그래프를 모두 찾아 기호를 써 보세요.

㉠ 그림그래프	㉡ 원그래프
㉢ 띠그래프	㉣ 꺾은선그래프

( )

여러 가지 그래프 비교하기

5 마을별 포도 수확량을 그래프로 나타낼 때 어느 그래프로 나타내면 가장 좋을까요? 그 이유를 써 보세요.

_____ 그래프

이유

_____

◈ 은지네 학교 학생들의 취미 생활을 조사하여 나타낸 표입니다. 물음에 답하세요. (6~7)

취미 생활별 학생 수

취미 생활	운동	독서	영화 감상	기타	합계
학생 수(명)	32	64	40	24	160
백분율(%)	20			15	

띠그래프 알아보기, 띠그래프로 나타내기

6 위의 표의 빈칸을 채운 다음 띠그래프로 나타내어 보세요.

취미 생활별 학생 수

```
0  10  20  30  40  50  60  70  80  90  100(%)
└──┴──┴──┴──┴──┴──┴──┴──┴──┴──┴──┘
┌─────────────────────────────────┐
│                                 │
└─────────────────────────────────┘
```

띠그래프 알아보기, 띠그래프로 나타내기

7 각 항목의 백분율을 모두 더하면 얼마인가요?

(   )

띠그래프 알아보기, 띠그래프로 나타내기

8 지호네 학교 학생 200명이 좋아하는 계절을 조사하여 나타낸 띠그래프입니다. 여름을 좋아하는 학생은 몇 명인가요?

좋아하는 계절별 학생 수

봄 (15 %)	여름 (35 %)	가을 (20 %)	겨울 (30 %)

(   )

◈ 민우네 학교 학생들이 가고 싶은 나라를 조사하여 나타낸 표입니다. 물음에 답하세요. (9~11)

가고 싶은 나라별 학생 수

나라	미국	독일	프랑스	기타	합계
학생 수(명)	84	36	72	48	240
백분율(%)		15		20	100

원그래프 알아보기, 원그래프로 나타내기

9 위의 표의 빈칸을 채운 다음 원그래프로 나타내어 보세요.

가고 싶은 나라별 학생 수

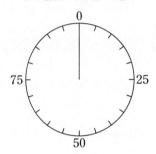

원그래프 알아보기, 원그래프로 나타내기

10 미국 이외의 나라에 가고 싶은 학생은 전체의 몇 %인가요?

(   )

원그래프 알아보기, 원그래프로 나타내기

11 프랑스에 가고 싶은 학생은 독일에 가고 싶은 학생의 몇 배인가요?

(   )

1 항목의 수 구하기

대표문제

민아네 학교 학생 200명이 좋아하는 사물놀이 악기를 조사하여 나타낸 띠그래프입니다. 꽹과리보다 북을 좋아하는 학생은 몇 명 더 많은지 구해 보세요.

좋아하는 악기별 학생 수

꽹과리 (36 %)	북	장구 (19 %)	징 (12 %)

(   )

| 풀이 |

[1단계] 북은 전체의 몇 %인지 구하기	북은 전체의 $100-(36+19+12)=$ ☐ (%)입니다.
[2단계] 꽹과리는 북보다 전체의 몇 %가 더 많은지 구하기	꽹과리는 북보다 전체의 $36-33=$ ☐ (%)가 더 많습니다.
[3단계] 꽹과리보다 북을 몇 명이 더 좋아하는지 구하기	따라서 꽹과리보다 북을 좋아하는 학생은 $200 \times \dfrac{\square}{100} =$ ☐ (명) 더 많습니다.

유제 1 오른쪽은 유나네 학교 학생 300명이 좋아하는 호빵의 종류를 조사하여 나타낸 원그래프입니다. 채소 호빵보다 팥 호빵을 좋아하는 학생은 몇 명 더 많은지 구해 보세요.

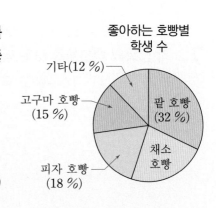

좋아하는 호빵별 학생 수

기타(12 %)
고구마 호빵 (15 %)
팥 호빵 (32 %)
채소 호빵
피자 호빵 (18 %)

(   )

유제 2 승우가 모은 동전 480개를 나라별로 조사하여 나타낸 띠그래프입니다. 중국과 일본 동전은 모두 몇 개인지 구해 보세요.

승우가 모은 나라별 동전 수

한국 (35 %)	미국 (15 %)	중국	일본 (15 %)	

기타(10 %)

(   )

② 전체 자료의 수 구하기

 대표문제 태우네 학교 학생들이 좋아하는 색을 조사하여 나타낸 띠그래프입니다. 노란색을 좋아하는 학생이 빨간색을 좋아하는 학생보다 25명 더 많다면 조사에 참여한 학생은 모두 몇 명인지 구해 보세요.

좋아하는 색깔별 학생 수

빨간색 (19 %)	노란색 (24 %)	초록색 (20 %)	파란색 (25 %)	기타 (12 %)

(   )

| 풀이 |

[1단계] 노란색은 빨간색보다 전체의 몇 %가 더 많은지 구하기	노란색은 빨간색보다 전체의 24－19＝ ⬜ (%)가 더 많습니다.
[2단계] 전체가 100 %임을 이용하여 조사에 참여한 학생은 모두 몇 명인지 구하기	전체의 5 %가　　 25명을 나타내므로 　　↓×20　　　　↓×20 전체인 100 %는 ⬜ 명을 나타냅니다. 따라서 조사에 참여한 학생은 모두 ⬜ 명입니다.

유제 3 오른쪽은 소희네 학교 학생들의 등교 방법을 조사하여 나타낸 원그래프입니다. 도보로 등교한 학생이 자전거로 등교한 학생보다 32명 더 많다면 조사에 참여한 학생은 모두 몇 명인지 구해 보세요.

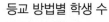
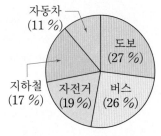

등교 방법별 학생 수

자동차 (11 %)
도보 (27 %)
지하철 (17 %)
자전거 (19 %)
버스 (26 %)

(   )

Up! 유제 4 어느 꽃집에 있는 장미의 색을 조사하여 나타낸 띠그래프입니다. 빨간색이 아닌 장미가 48송이라면 이 꽃집에 있는 장미는 모두 몇 송이인지 구해 보세요.

색깔별 장미 수

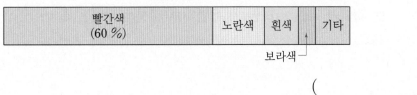

빨간색 (60 %)	노란색	흰색		기타

보라색┘

(   )

3 띠그래프로 나타내었을 때 항목이 차지하는 길이 구하기

 어느 호수의 어종별 물고기 수를 조사하여 나타낸 표입니다. 길이가 20 cm인 띠그래프로 나타낼 때 붕어와 피라미가 차지하는 길이의 합은 몇 cm인지 구해 보세요.

어종별 물고기 수

물고기	배스	붕어	피라미	기타	합계
수(마리)	119	98	77	56	350

(   )

| 풀이 |

[1단계] 붕어와 피라미는 전체의 몇 %인지 구하기	붕어와 피라미는 모두 $98+77=$ ☐ (마리)로 전체의 $\dfrac{175}{350} \times 100 =$ ☐ (%)입니다.
[2단계] 붕어와 피라미가 차지하는 길이의 합 구하기	따라서 띠그래프에서 붕어와 피라미가 차지하는 길이의 합은 $20 \times \dfrac{☐}{100} =$ ☐ (cm)입니다.

└─ 띠그래프 전체의 길이

유제 5 지아네 학교 학생들이 소풍으로 가고 싶은 장소를 조사하여 나타낸 표입니다. 길이가 40 cm인 띠그래프로 나타낼 때 바다와 워터파크가 차지하는 길이의 차는 몇 cm인지 구해 보세요.

가고 싶은 장소별 학생 수

장소	놀이공원	바다	워터파크	산	기타	합계
학생 수(명)	88	24	32	8	8	160

(   )

Up! 유제 6 오른쪽은 성희네 마을 사람들이 주로 거래하는 은행을 조사하여 나타낸 원그래프입니다. 이 원그래프를 띠그래프로 나타낼 때 ㉮ 은행이 차지하는 길이가 7.5 cm라면 ㉱ 은행이 차지하는 길이는 몇 cm인지 구해 보세요.

거래 은행별 사람 수

기타 (13 %)
㉮ 은행 (25 %)
㉱ 은행 (18 %)
㉰ 은행 (21 %)
㉯ 은행 (23 %)

(   )

두 그래프 비교하기

대표문제

주아네 학교 학생 500명과 현우네 학교 학생 600명이 좋아하는 과목을 조사하여 나타 낸 원그래프입니다. 국어를 좋아하는 학생은 어느 학교가 몇 명 더 많은지 구해 보세요.

주아네 학교의 좋아하는
과목별 학생 수

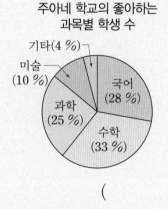

현우네 학교의 좋아하는
과목별 학생 수

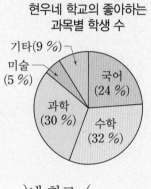

(   )네 학교, (   )

| 풀이 |

[1단계] 주아네 학교에서 국어를 좋아하는 학생 수 구하기	(주아네 학교 학생 중 국어를 좋아하는 학생 수) $=500 \times \dfrac{28}{100}=$ ◻ (명)
[2단계] 현우네 학교에서 국어를 좋아하는 학생 수 구하기	(현우네 학교 학생 중 국어를 좋아하는 학생 수) $=600 \times \dfrac{24}{100}=$ ◻ (명)
[3단계] 국어를 좋아하는 학생은 어느 학교가 몇 명 더 많은지 구하기	따라서 국어를 좋아하는 학생은 ◻ 네 학교가 $144-140=$ ◻ (명) 더 많습니다.

유제 7

두 식당에서 지난 일주일 동안 판매한 음식별 그릇 수를 조사하여 나타낸 띠그래프입니다. ㉮ 식당의 회냉면은 8000원이고 ㉯ 식당의 회냉면은 5000원일 때, 회냉면을 판매한 금액은 어느 식당이 얼마나 더 많은지 구해 보세요.

㉮ 식당의 음식별 그릇 수

물냉면 (23 %)	비빔냉면 (31 %)	회냉면 (18 %)	만두 (28 %)

(전체 3000그릇)

㉯ 식당의 음식별 그릇 수

물냉면 (14 %)	비빔냉면 (35 %)	회냉면 (26 %)	만두 (25 %)

(전체 5000그릇)

(   )식당, (   )

5 부분을 다시 전체로 한 그래프 알아보기

대표문제 영주네 학교 학생들의 남녀의 수와 남학생의 장래 희망을 조사하여 나타낸 그래프입니다. 장래 희망이 의사인 남학생은 전체의 몇 %인지 구해 보세요.

남녀의 수

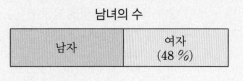

남학생의 장래 희망별 학생 수

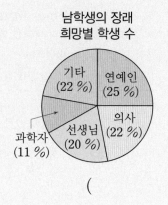

(   )

| 풀이 |

[1단계] 남학생은 전체의 몇 %인지 구하기	왼쪽 띠그래프에서 남학생은 전체의 $100-48=\boxed{}$ (%)입니다.
[2단계] 장래 희망이 의사인 남학생은 전체의 몇 %인지 구하기	오른쪽 원그래프에서 장래 희망이 의사인 남학생은 남학생 전체의 $\boxed{}$ %입니다. 따라서 장래 희망이 의사인 남학생은 전체의 $52 \times \dfrac{\boxed{}}{100} = \boxed{}$ (%)입니다.

 유제 8 민서네 학교 학생들의 남녀의 수와 여학생들이 다니고 싶은 학원을 조사하여 나타낸 그래프입니다. 피아노 학원에 다니고 싶은 여학생은 전체의 몇 %인지 구해 보세요.

남녀의 수

여학생이 다니고 싶은 학원별 학생 수

미술 학원 (35 %)	피아노 학원 (30 %)	발레 학원 (20 %)	기타 (15 %)

(   )

1 권역별 월 강수량을 조사하여 나타낸 그림그래프입니다. 대구·부산·울산·경상 권역의 월 강수량은 강원 권역의 월 강수량의 약 몇 배인가요?

권역별 월 강수량

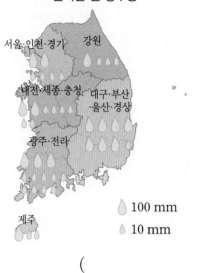

🌢 100 mm
🌢 10 mm

(   )

중요
2 어느 마을의 신문별 구독하는 가구 수를 조사하여 나타낸 원그래프입니다. 전체 가구 수가 120가구일 때, 나 신문을 구독하는 가구는 몇 가구인가요?

신문별 구독하는 가구 수

다 신문
(35 %)
가 신문
(25 %)
나 신문
(40 %)

(   )

3 미소네 학교 학생들이 좋아하는 악기를 조사하여 나타낸 띠그래프입니다. 조사에 참여한 학생이 210명일 때, 하모니카를 좋아하는 학생은 몇 명인가요?

좋아하는 악기별 학생 수

하모니카		피아노 (35 %)	바이올린 (20 %)

└─ 아코디언(15 %)

(   )

4 주제와 조사할 항목을 정해 자료를 수집하고 정리하여 표로 나타내어 보세요. (단, 백분율은 소수 둘째 자리에서 반올림하세요.)

				기타	합계
항목					
학생 수(명)					
백분율(%)					

5 자료실에 있는 DVD를 종류별로 조사하여 나타낸 표입니다. 이 표를 길이가 20 cm인 띠그래프로 나타낼 때, 음악이 차지하는 길이는 몇 cm인가요?

DVD의 종류별 장수

종류	음악	게임	교육	기타	합계
장수(장)	86	44	42	28	200

(   )

6 희주가 한 달에 쓴 용돈의 쓰임새를 조사하여 나타낸 띠그래프입니다. 군것질을 하는 데 쓴 금액이 8000원일 때, 저금을 하는 데 쓴 금액은 얼마인가요?

한 달에 쓴 돈의 쓰임새별 금액

저금 (35 %)	학용품 (30 %)	군것질 (20 %)	기타 (15 %)

(   )

7 경시대회에 참가한 학생들을 학년별로 조사하여 나타낸 길이가 40 cm인 띠그래프입니다. 경시대회에 참가한 학생 중 6학년은 전체의 몇 %인가요?

경시대회에 참가한 학년별 학생 수

3학년 (15 %)	4학년	5학년	6학년

8 cm   16 cm

(   )

8 주사위를 300번 던져 나온 결과를 조사하여 나타낸 원그래프입니다. 3의 배수는 모두 몇 번 나왔나요?

주사위를 던져 나온 결과

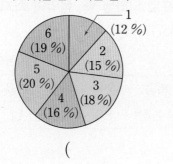

(   )

중요
9 어느 산악회 회원들이 지난주에 등산한 산을 조사하여 나타낸 띠그래프입니다. 관악산에 간 회원 중 40 %가 토요일에 갔다면 토요일에 관악산에 간 회원은 전체의 몇 %인가요?

등산한 산별 회원 수

등산 안함 (40 %)	북한산 (24 %)	관악산 (18 %)	수락산 (15 %)

기타 (3 %)

(   )

10 민우네 학급 문고의 종류를 1학기에 조사하여 나타낸 원그래프입니다. 2학기에 소설책의 반을 위인전으로 교체했을 때, 2학기 학급 문고의 종류를 띠그래프로 나타내어 보세요. (단, 1학기와 2학기의 학급 문고의 수는 같습니다.)

1학기 학급 문고의 종류별 권수

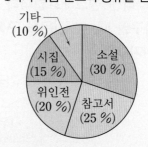

2학기 학급 문고의 종류별 권수

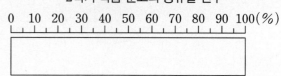

11 색깔별 구슬의 수를 조사하여 나타낸 원그래프입니다. 색깔별 평균 구슬의 수가 60개일 때, 초록색 구슬은 몇 개인가요?

색깔별 구슬 수

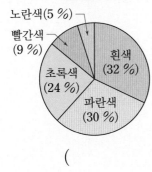

노란색(5 %)
빨간색(9 %)
초록색(24 %)
파란색(30 %)
흰색(32 %)

(   )

13 지아네 학교 학생 600명이 추석에 방문하는 지역을 조사하여 나타낸 원그래프입니다. 충청남도가 충청북도보다 24명 더 많다면 충청남도에 가는 학생은 몇 명인가요?

방문하는 지역별 학생 수

기타(26 %)
경기도(23 %)
경상도(15 %)
전라도(16 %)
충청도(20 %)

(   )

중요
12 성호네 학교 학생들이 받고 싶은 선물과 그중 장난감의 종류를 조사하여 나타낸 띠그래프와 원그래프입니다. 팽이를 받고 싶은 학생이 24명일 때, 성호네 학교 학생은 모두 몇 명인가요?

받고 싶은 선물별 학생 수

휴대전화 (30 %)	게임기 (25 %)	장난감 (20 %)	기타 (25 %)

장난감 종류별 학생 수

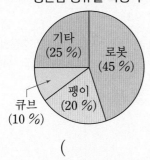

기타(25 %)
로봇(45 %)
큐브(10 %)
팽이(20 %)

(   )

14 현주네 학교 학생들의 남녀의 수와 학생들이 다니는 학원을 조사하여 나타낸 띠그래프입니다. 태권도 학원에 다니는 학생은 전체의 몇 %인가요?

남녀의 수

남자 (60 %)	여자 (40 %)

남학생이 다니는 학원별 학생 수

태권도 (35 %)	미술 (25 %)	바둑 (20 %)	기타 (20 %)

여학생이 다니는 학원별 학생 수

피아노 (40 %)	미술 (25 %)	태권도 (15 %)	기타 (20 %)

(   )

고수 비법

1 볶음밥을 만드는 데 필요한 재료를 조사하여 나타낸 띠그래프입니다. 밥을 제외한 재료들 중에서 당근은 몇 %를 차지하는지 기약분수로 구해 보세요.

어떤 항목이 전체의 ▲ %를 차지하면 어떤 항목이 아닌 부분은 전체의 (100 − ▲) %를 차지합니다.

볶음밥의 재료별 무게

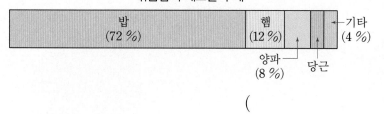

(   )

2 띠그래프에서 ㉮와 ㉰ 항목의 합이 전체의 40 %이고, ㉯의 수가 30개라면 전체 항목의 수는 모두 몇 개인가요?

㉯ 항목은 전체의 몇 %인지 알아봅니다.

㉮	㉯	㉲ (35 %)	㉰

(   )

3 주아네 반 학생들이 좋아하는 계절을 조사하여 원을 25등분한 원그래프로 나타내었더니 눈금 5칸이 4명을 나타내었습니다. 이 원그래프를 길이가 15 cm인 띠그래프로 나타낸다면 9 cm는 몇 명을 나타내나요?

원을 25등분하면 눈금 한 칸은 100÷25＝4(%)입니다.

(   )

경시 문제 맛보기

4 정우네 학교 화단에 심은 꽃의 종류별 수를 길이가 20 cm인 띠그래프로 나타낸 것입니다. 무궁화와 국화 수의 비는 5 : 2이고, 봉선화 수는 장미 수의 $\frac{1}{2}$배입니다. 무궁화가 10송이일 때, 정우네 학교 화단에 심은 꽃은 모두 몇 송이인가요?

화단에 심은 꽃의 종류별 수

(   )

고수 비법

무궁화와 국화가 차지하는 백분율의 합은 전체의 몇 %인지 알아봅니다.

창의·융합 UP

5 오른쪽 그림과 같이 화살표 방향으로만 수혈을 할 수 있다고 합니다. 진서네 학교에서 B형에게 혈액을 줄 수 있는 학생은 전체의 53 %이고, A형에게 혈액을 줄 수 있는 학생은 전체의 59 %입니다. 진서네 학교에서 AB형은 전체의 몇 %인지 구해 보세요.

(단, 모든 혈액형은 RH⁺입니다.)

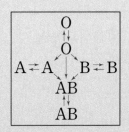

혈액형별 학생 수

A형	B형 (22 %)	O형	AB형

(   )

B형에게 혈액을 줄 수 있는 학생은 B형과 O형이고, A형에게 혈액을 줄 수 있는 학생은 A형과 O형입니다.

1 그림그래프를 보고 알 수 있는 내용을 두 가지 써 보세요.

권역별 사과 생산량

🍎 10만 t
🍎 1만 t

_____

_____

_____

_____

중요
2 자료를 그래프로 나타낼 때 어떤 그래프가 좋을지 **보기** 에서 찾아 써 보세요.

보기

그림그래프, 막대그래프, 꺾은선그래프,
띠그래프, 원그래프

(1) 월별 평균 온도의 변화

⇨ _____

(2) 반 친구들이 좋아하는 계절

⇨ _____

(3) 나라별 쌀 생산량

⇨ _____

3 우주네 학교 학생 400명을 대상으로 가고 싶은 고궁별 학생 수를 조사하였더니 창덕궁에 가고 싶은 학생은 전체의 16 %였습니다. 창덕궁에 가고 싶은 학생은 몇 명인가요?

(   )

4 승호네 학교 6학년 학생 300명의 장래 희망을 조사하여 나타낸 표입니다. 표를 보고 장래 희망별 학생 수의 백분율을 구하여 띠그래프로 나타내어 보세요.

장래 희망별 학생 수

장래 희망	학생 수(명)	장래 희망	학생 수(명)
컴퓨터 프로그래머	54	선생님	72
요리사	30	운동선수	60
연예인	42	기타	42

⇩

장래 희망별 학생 수

0   10   20   30   40   50   60   70   80   90   100(%)

중요
5 어느 지역의 학교별 학생 수를 조사하여 나타낸 띠그래프입니다. 중학생이 초등학생의 1.2배이면 대학생은 전체의 몇 %인가요?

학교별 학생 수

초등학생 (25 %)	중학생	고등학생 (28 %)	대학생

( )

◈ 진아와 민주네 학교의 1학기 학생 수를 각각 조사하여 나타낸 원그래프입니다. 물음에 답하세요.

(6~7)

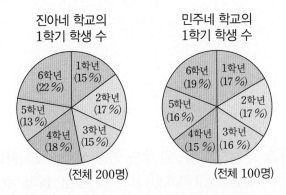

진아네 학교의 1학기 학생 수

6학년(22 %), 1학년(15 %), 2학년(17 %), 3학년(15 %), 4학년(18 %), 5학년(13 %)

(전체 200명)

민주네 학교의 1학기 학생 수

6학년(19 %), 1학년(17 %), 2학년(17 %), 3학년(16 %), 4학년(15 %), 5학년(16 %)

(전체 100명)

6 5학년은 어느 학교가 몇 명 더 많은가요?

( )네 학교, ( )

7 2학기에 두 학교가 한 학교로 합쳐졌습니다. 6학년은 전체의 몇 %인가요?

(단, 전학가거나 전학온 학생은 없습니다.)

( )

8 어항 속 금붕어의 종류를 조사하여 나타낸 띠그래프입니다. 남경이 추금보다 8마리 더 많다면 어항 속 금붕어는 모두 몇 마리인가요?

금붕어의 종류별 마리 수

유금 (40 %)	남경 (35 %)	추금 (15 %)	

삼색톡눈이(10 %)

( )

9 돼지 저금통에 들어 있는 동전의 수를 조사하여 나타낸 띠그래프입니다. 돼지 저금통에 들어 있는 동전은 모두 몇 개인가요?

동전별 개수

10원 (28개)	50원 (28 %)	100원 (32 %)	500원 (36개)

( )

창의·융합 수학+과학
10 온실 가스는 지구 온난화를 일으키는 6가지 기체로 다음은 어느 도시의 온실 가스를 조사하여 나타낸 원그래프입니다. 이 도시의 온실 가스 배출량이 모두 300 t이라면 이산화탄소의 배출량은 다른 가스의 배출량보다 몇 t 더 많은가요?

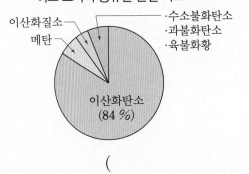

어느 도시의 종류별 온실 가스

이산화질소, 메탄, 수소불화탄소, 과불화탄소, 육불화황, 이산화탄소(84 %)

( )

11 은우네 학교 학생들이 좋아하는 민속놀이를 조사하여 나타낸 원그래프입니다. 띠그래프로 바꾸어 그렸더니 제기차기가 차지하는 길이가 6 cm일 때, 띠그래프의 전체 길이는 몇 cm인가요?

좋아하는 민속놀이별 학생 수

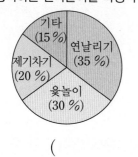

(   )

중요
12 민지네 학교 학생들의 취미 생활을 조사하여 나타낸 띠그래프입니다. 수집과 등산의 비가 3 : 2이면 취미가 수집인 학생은 전체의 몇 %인가요?

취미 생활별 학생 수

음악 (30 %)	운동 (25 %)	수집	등산

기타(10 %)

(   )

13 추첨기에 들어 있는 공을 색깔별로 조사한 원그래프와 무늬별로 조사한 띠그래프입니다. 노란색 공이 빨간색 공보다 30개 더 많다면 무늬가 하트 무늬인 공은 모두 몇 개인가요?

색깔별 공의 수

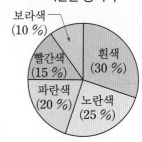

무늬별 공의 수

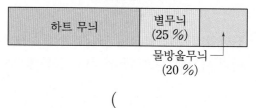

(   )

14 무게가 800 g인 무의 영양 성분을 조사하여 나타낸 원그래프입니다. 이 무를 말려 수분의 90 %를 증발시켰다면 식이섬유의 무게는 말린 무 전체 무게의 몇 %가 되는지 기약분수로 구해 보세요. (단, 말렸을 때 수분을 제외한 다른 영양소는 변하지 않습니다.)

무의 영양 성분

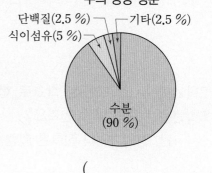

(   )

15 제주도의 계절별 강수량을 조사하여 나타낸 그래프입니다. 여러 가지 그래프를 비교해 보고, 각 그래프는 어떤 특징이 있는지 써 보세요.

제주도의 계절별 강수량

(단위: mm)

260.8 680.1 338.9 175.5

봄   여름   가을   겨울

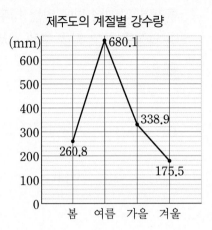

제주도의 계절별 강수량

제주도의 계절별 강수량

봄 (18 %)	여름 (47 %)	가을 (23 %)	겨울 (12 %)

막대그래프 _____

꺾은선그래프 _____

띠그래프 _____

16 오른쪽은 진우네 학교 학생 60명의 태어난 계절을 조사하여 나타낸 원그래프입니다. 여름에 태어난 학생은 봄에 태어난 학생의 $\frac{7}{3}$ 배이고, 겨울에 태어난 학생은 여름에 태어난 학생의 $\frac{6}{7}$ 배입니다. 가을에 태어난 학생은 전체의 몇 %인지 풀이 과정을 쓰고 답을 구해 보세요.

태어난 계절별 학생 수

풀이 _____

_____

_____

답 _____

17 오른쪽은 어느 과수원의 종류별 나무 수를 조사하여 나타낸 띠그래프입니다. 밤나무가 아닌 나무가 360그루라면 이 과수원에 있는 나무는 모두 몇 그루인지 풀이 과정을 쓰고 답을 구해 보세요.

종류별 나무 수

밤나무 (60 %)	사과나무	배나무

풀이

답

18 오른쪽은 태희네 학교 학생의 남녀의 수를 조사하여 나타낸 원그래프입니다. 남학생은 전체의 몇 %인지 풀이 과정을 쓰고 답을 구해 보세요.

남녀의 수

풀이

답

19 어느 워터파크의 입장료와 오늘 워터파크에 입장한 사람 500명을 조사하여 나타낸 띠그래프입니다. 오늘 워터파크의 매출액은 얼마인지 풀이 과정을 쓰고 답을 구해 보세요.

입장료
3세 이하 무료
3세 초과 12세 이하 16000원
12세 초과 65세 이하 28000원
65세 초과 10000원

나이별 입장객 수

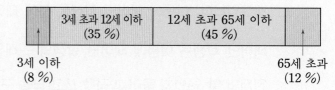

풀이

답

6

직육면체의
부피와 겉넓이

직육면체의 부피와 겉넓이

1 ▶ 직육면체와 정육면체의 부피 구하기

- $1 \, \text{cm}^3$: 한 모서리의 길이가 $1 \, \text{cm}$인 정육면체의
  부피 → 1 세제곱센티미터라고 읽습니다.

- 직육면체와 정육면체의 부피 구하기

(부피)	=	(밑면의 넓이)	×	(높이)
(직육면체의 부피)	=	(가로)×(세로)	×	(높이)
(정육면체의 부피)	=	(한 모서리)×(한 모서리)	×	(한 모서리)

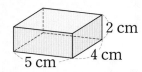

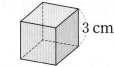

(부피)$=5 \times 4 \times 2=40(\text{cm}^3)$ (부피)$=3 \times 3 \times 3=27(\text{cm}^3)$

2 ▶ m^3 알아보기

- $1 \, \text{m}^3$: 한 모서리의 길이가 $1 \, \text{m}$인
  정육면체의 부피 → 1 세제곱미터라고 읽습니다.

$$1 \, \text{m}^3 = 1000000 \, \text{cm}^3$$

1 m	×	1 m	×	1 m	=	1 m³
100 cm	×	100 cm	×	100 cm	=	1000000 cm³

3 ▶ 직육면체와 정육면체의 겉넓이 구하기

- **직육면체의 겉넓이**: 여섯 면의 넓이의 합
  └→ 겉면의 넓이

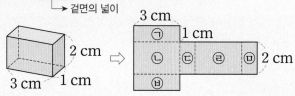

㉠＋㉡＋㉢＋㉣＋㉤＋㉥
$=3 \times 1+3 \times 2+1 \times 2+3 \times 2+1 \times 2+3 \times 1=22(\text{cm}^2)$

- **정육면체의 겉넓이**: (한 면의 넓이)×6
  → 정육면체는 모든 면의 넓이가 같고, 면의 수가 6개입니다.

(한 면의 넓이)$=5 \times 5=25(\text{cm}^2)$
⇨ (정육면체의 겉넓이)$=25 \times 6=150(\text{cm}^2)$

▶ 면이 쌓여서 입체가 되고, 공간에서 입체가 차지하는 크기를 부피라고 합니다. 따라서 부피는 면의 넓이에 쌓인 높이만큼을 곱한 것과 같습니다.

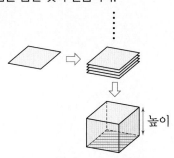

⇨ (부피)＝(밑면의 넓이)×(높이)

▶ 부피가 $1 \, \text{m}^3$인 상자 안에는 부피가 $1 \, \text{cm}^3$ 상자가 1000000개 들어갑니다.

▶ **직육면체의 겉넓이를 구하는 여러 가지 방법**

방법 1 세 면(㉠, ㉡, ㉢)의 넓이의 합을 구한 다음 2배 합니다. ┐
직육면체는 합동인 면이 3쌍입니다.
$(㉠＋㉡＋㉢) \times 2$
$=(3+6+2) \times 2=22(\text{cm}^2)$

방법 2 한 밑면의 넓이를 2배 한 것과 옆면의 넓이를 더합니다.
$㉠ \times 2+(㉡＋㉢＋㉣＋㉤)$
$=3 \times 2+6+2+6+2$
$=22(\text{cm}^2)$

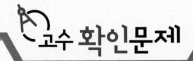
직육면체와 정육면체의 부피 구하기

1 부피가 $1\,cm^3$인 쌓기나무로 만든 다음 직육면체의 부피는 몇 cm^3인가요?

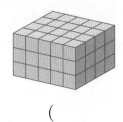

( )

직육면체와 정육면체의 부피 구하기

2 다음 전개도로 만든 직육면체의 부피는 몇 cm^3인가요?

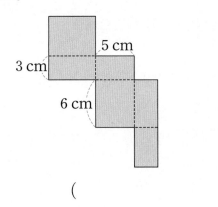

3 cm
5 cm
6 cm

( )

직육면체와 정육면체의 부피 구하기

3 한 모서리의 길이가 $7\,cm$인 정육면체의 부피는 몇 cm^3인가요?

( )

m^3 알아보기

4 다음 중 **잘못된** 것을 찾아 기호를 써 보세요.

㉠ $6\,m^3 = 6000000\,cm^3$
㉡ $82000\,cm^3 = 0.82\,m^3$
㉢ $0.32\,m^3 = 320000\,cm^3$
㉣ $194000\,cm^3 = 0.194\,m^3$

( )

직육면체와 정육면체의 겉넓이 구하기

5 오른쪽과 같은 직육면체의 겉넓이를 구하려고 합니다. 구하는 방법을 **잘못** 설명한 사람은 누구인가요?

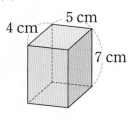

4 cm
5 cm
7 cm

여섯 면의 넓이를 각각 구해서 모두 더하면 돼.
현아

한 꼭짓점에서 만나는 세 면의 넓이를 구해 각각 2배 한 뒤 더하면 돼.

준서

한 꼭짓점에서 만나는 세 면의 넓이의 합을 구한 뒤 2배 하면 돼.
민호

한 밑면의 넓이와 옆면의 넓이를 더하면 돼.

연우

( )

직육면체와 정육면체의 겉넓이 구하기

6 한 모서리의 길이가 $8\,cm$인 정육면체의 겉넓이는 몇 cm^2인가요?

( )

1 겉넓이를 이용하여 모서리의 길이 구하기

대표
문제 직육면체의 겉넓이가 100 cm^2일 때, ☐ 안에 알맞은 수를 써넣으세요.

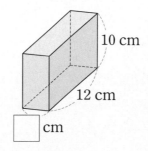

☐ cm
7 cm
4 cm

| 풀이 |

[1단계] 겉넓이를 구하는 식 세우기	직육면체의 높이를 ● cm라 하면 $(7 \times 4 + 7 \times ● + 4 \times ●) \times 2 = \boxed{} \text{ (cm}^2)$입니다.
[2단계] 직육면체의 높이 구하기 (●의 값 구하기)	$28 + 7 \times ● + 4 \times ● = 50$, $11 \times ● = \boxed{}$, $● = \boxed{}$입니다. 따라서 ☐ 안에 알맞은 수는 $\boxed{}$입니다.

유제 1 직육면체의 겉넓이가 460 cm^2일 때, ☐ 안에 알맞은 수를 써넣으세요.

10 cm

12 cm

☐ cm

유제 2 다음 직육면체와 겉넓이가 같은 정육면체의 한 모서리의 길이는 몇 cm인지 구해 보세요.

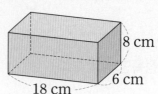

8 cm
18 cm
6 cm

(   )

2 전개도를 보고 직육면체의 겉넓이 구하기

대표문제 오른쪽 직육면체의 전개도를 접어 만들 수 있는 직육면체의 겉넓이는 몇 cm²인지 구해 보세요.

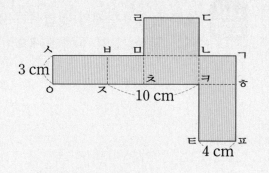

( )

| 풀이 |

[1단계] 선분 ㅊㅋ의 길이 구하기	(선분 ㅈㅊ)=(선분 ㅍㅌ)=□ cm이므로 (선분 ㅊㅋ)=(선분 ㅈㅋ)−(선분 ㅈㅊ)=10−4=□(cm) 입니다.
[2단계] 직육면체의 겉넓이 구하기	(직육면체의 겉넓이) =(한 꼭짓점에서 만나는 세 면의 넓이의 합) ×2 =(3×4+3×□+4×□)×2 =□×2=□(cm²)

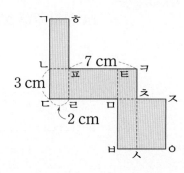

유제 3 오른쪽 직육면체의 전개도를 접어 만들 수 있는 직육면체의 겉넓이는 몇 cm²인지 구해 보세요.

( )

유제 4 오른쪽 정육면체의 전개도의 둘레는 42 cm입니다. 이 정육면체의 전개도를 접어 만들 수 있는 정육면체의 겉넓이는 몇 cm²인지 구해 보세요.

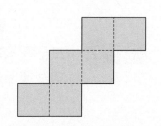

( )

3 겉넓이와 부피를 바꾸어 구하기

대표문제 오른쪽 직육면체의 겉넓이가 2.14 m^2일 때, 이 직육면체의 부피는 몇 m^3인지 구해 보세요.

(   )

⑤ cm
60 cm
70 cm

풀이		
[1단계] 단위 m^2를 cm^2로 바꾸기	$1 \text{ m}^2 = 10000 \text{ cm}^2$이므로 $2.14 \text{ m}^2 = \boxed{} \text{ cm}^2$입니다.	
[2단계] 모서리 ⑤의 길이 구하기	$(70 \times 60 + 70 \times ⑤ + 60 \times ⑤) \times 2 = 21400$ $70 \times 60 + 70 \times ⑤ + 60 \times ⑤ = \boxed{}$ $4200 + 130 \times ⑤ = 10700$ $130 \times ⑤ = 6500$ $⑤ = 50$	
[3단계] 직육면체의 부피를 m^3로 구하기	따라서 (직육면체의 부피) $= 70 \times 60 \times \boxed{} = \boxed{} (\text{cm}^3)$ 이고 $1 \text{ m}^3 = 1000000 \text{ cm}^3$이므로 $210000 \text{ cm}^3 = \boxed{} \text{ m}^3$입니다.	

유제 5 오른쪽 직육면체의 겉넓이가 1.84 m^2일 때, 이 직육면체의 부피는 몇 m^3인지 구해 보세요.

(   )

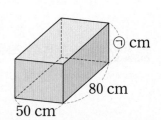
⑤ cm
80 cm
50 cm

유제 6 오른쪽 직육면체의 부피가 0.234 m^3일 때, 이 직육면체의 겉넓이는 몇 m^2인지 구해 보세요.

(   )

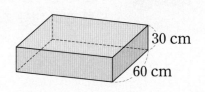
30 cm
60 cm

모서리의 길이가 바뀐 직육면체의 부피 구하기

대표문제 오른쪽과 같은 직육면체를 가로는 15 cm 더 늘이고 세로는 50 %로 줄여 새로운 직육면체를 만들었습니다. 새로 만든 직육면체의 부피는 처음 직육면체의 부피의 몇 배인지 구해 보세요.

(   )

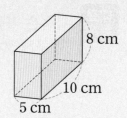

풀이	
[1단계] 새로 만든 직육면체의 모서리의 길이 구하기	새로 만든 직육면체의 (가로)=5+15=☐(cm), (세로)=10×$\frac{50}{100}$=☐(cm), (높이)=8 cm입니다.
[2단계] 처음 직육면체의 부피와 새로 만든 직육면체의 부피 구하기	(처음 직육면체의 부피)=5×10×8=☐(cm³) (새로 만든 직육면체의 부피)=20×5×8=☐(cm³)
[3단계] 새로 만든 직육면체의 부피는 처음 직육면체의 부피의 몇 배인지 구하기	따라서 새로 만든 직육면체의 부피는 처음 직육면체의 부피의 800÷400=☐(배)입니다.

유제 7 오른쪽과 같은 정육면체의 각 모서리의 길이를 2배로 늘이면 늘인 정육면체의 부피는 처음 정육면체의 부피의 몇 배인지 구해 보세요.

(   )

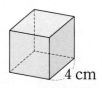

유제 8 오른쪽과 같은 직육면체의 가로를 50 %로 줄였습니다. 세로를 몇 배로 늘여야 처음 직육면체의 부피와 같아지는지 구해 보세요.

(   )

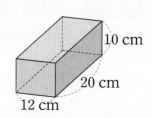

5 위, 앞, 옆에서 본 모양을 보고 직육면체의 겉넓이 구하기

대표문제 다음은 직육면체를 위, 앞, 옆에서 본 모양입니다. 이 직육면체의 겉넓이는 몇 cm²인지 구해 보세요.

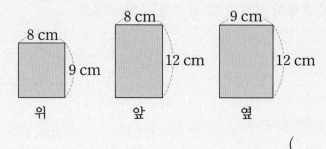

(   )

풀이		
[1단계] 위, 앞, 옆에서 본 모양을 보고 직육면체의 겨냥도 그리기	위, 앞, 옆에서 본 모양을 보고 직육면체의 겨냥도를 그려 보면 오른쪽과 같습니다.	□ cm 8 cm □ cm
[2단계] 직육면체의 겉넓이 구하기	(직육면체의 겉넓이)=(한 꼭짓점에서 만나는 세 면의 넓이의 합)×2 　　　　　=(8×9+8×□+9×□)×2 　　　　　=□ (cm²)	

유제 9 오른쪽 그림은 직육면체를 위, 앞, 옆에서 본 모양입니다. 이 직육면체의 겉넓이는 몇 cm²인지 구해 보세요.

(   )

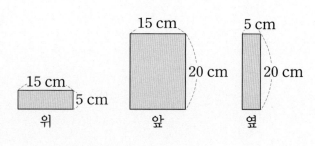

Up

유제 10 오른쪽 그림은 직육면체를 위와 앞에서 본 모양입니다. 이 직육면체의 겉넓이는 몇 cm²인지 구해 보세요.

(   )

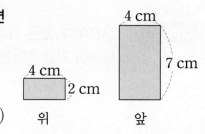

6 늘어난 물의 높이로 물체의 부피 구하기

대표문제 오른쪽과 같은 직육면체 모양의 물통에 물이 12 cm 높이만큼 들어 있습니다. 이 물통에 돌을 완전히 잠기게 넣었더니 물의 높이가 15 cm가 되었다면 돌의 부피는 몇 cm³인지 구해 보세요.

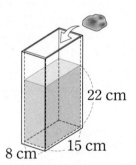

12 cm
25 cm
15 cm

(   )

풀이		
[1단계] 늘어난 물의 높이 구하기	(늘어난 물의 높이)=15−12=☐(cm)
[2단계] 돌의 부피 구하기	(돌의 부피)=15×25×☐ =☐(cm³)

유제 11 오른쪽과 같은 직육면체 모양의 물통에 물이 22 cm 높이만큼 들어 있습니다. 이 물통에 돌을 완전히 잠기게 넣었더니 물의 높이가 27 cm가 되었다면 돌의 부피는 몇 cm³인지 구해 보세요.

22 cm
15 cm
8 cm

(   )

유제 12 오른쪽과 같은 직육면체 모양의 물통에 완전히 잠겨 있던 돌을 꺼내었더니 물의 높이가 15 cm가 되었습니다. 이 돌의 부피는 몇 cm³인지 구해 보세요.

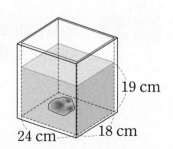

19 cm
24 cm
18 cm

(   )

STEP 1 고수 **대표유형문제**

7 여러 가지 입체도형의 겉넓이 구하기

대표문제 오른쪽 입체도형의 겉넓이는 몇 cm²인지 구해 보세요.

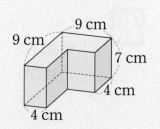

(   )

풀이		
[1단계] 한 밑면의 넓이 구하기	한 밑면의 넓이를 오른쪽과 같이 나누어 구할 수 있습니다. (한 밑면의 넓이) $=4\times9+5\times4=$ ☐ (cm²)
[2단계] 옆면의 넓이 구하기	(옆면의 넓이)=(한 밑면의 둘레)×(높이) $=(9+9+4+5+5+4)\times7=$ ☐ (cm²)
[3단계] 입체도형의 겉넓이 구하기	(입체도형의 겉넓이)=(한 밑면의 넓이)×2+(옆면의 넓이) $=$ ☐ $\times2+$ ☐ $=$ ☐ (cm²)

유제 13 오른쪽 입체도형의 겉넓이는 몇 cm²인지 구해 보세요.

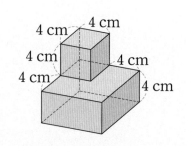

(   )

유제 14 오른쪽 입체도형은 직육면체에 직육면체 모양의 구멍을 뚫은 것입니다. 이 입체도형의 겉넓이는 몇 cm²인지 구해 보세요.

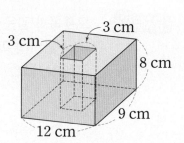

(   )

118 • 수학의 고수 6-1

1 색칠한 면의 둘레가 20 cm인 정육면체의 부피는 몇 cm³인가요?

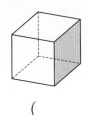

( )

2 정육면체와 직육면체의 부피가 같을 때, 직육면체의 세로는 몇 cm인가요?

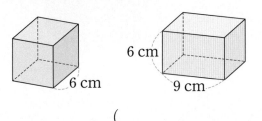

( )

3 가로가 150 cm, 세로가 2 m인 직육면체의 부피는 9 m³입니다. 이 직육면체의 높이는 몇 m인가요?

( )

4 직육면체를 다음과 같이 4등분하였더니 잘려진 한 입체도형의 부피가 200 cm³이었습니다. 이 직육면체의 세로는 몇 cm인가요?

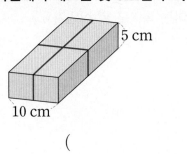

( )

중요
5 다음과 같은 나무토막에서 가장 큰 정육면체를 잘라냈습니다. 잘라낸 정육면체의 겉넓이는 몇 cm²인가요?

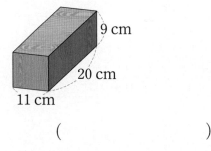

( )

6 부피가 64 cm³인 정육면체의 겉넓이는 몇 cm²인가요?

( )

7 직육면체 모양의 상자의 겉면에 한 변의 길이가 2 cm인 정사각형 모양의 색종이를 겹치지 않게 빈틈없이 붙이려고 합니다. 필요한 색종이는 적어도 몇 장인가요?

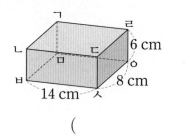

( )

8 전개도를 접어 만들 수 있는 직육면체의 부피는 몇 cm^3인가요?

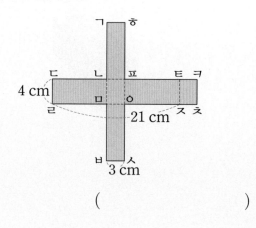

( )

9 밑면이 정사각형인 직육면체의 부피가 245 cm^3일 때, 이 직육면체의 겉넓이는 몇 cm^2인가요?

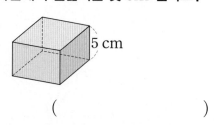

( )

10 쌓기나무로 만든 직육면체의 부피가 640 cm^3일 때, 쌓기나무 한 개의 부피는 몇 cm^3인가요?

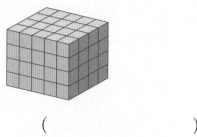

( )

중요
11 직육면체를 앞과 옆에서 본 모양입니다. 이 직육면체의 부피는 몇 cm^3인가요?

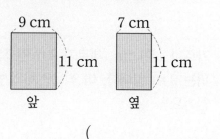

( )

12 가로가 36 cm, 세로가 30 cm, 높이가 60 cm 인 직육면체 모양의 상자에 한 모서리의 길이 가 6 cm인 정육면체 모양의 주사위를 넣으려 고 합니다. 넣을 수 있는 주사위는 최대 몇 개 인가요?

(   )

13 직육면체 모양의 물통에 부피가 같은 쇠구슬 12개를 완전히 잠기게 넣었더니 물의 높이가 21 cm가 되었습니다. 쇠구슬 1개의 부피는 몇 cm³인가요?

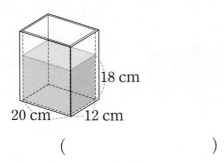

(   )

중요
14 다음 그림과 같은 직육면체 모양의 상자를 쌓아 가장 작은 정육면체 모양을 만들려고 합니다. 필요한 상자는 모두 몇 개인가요?

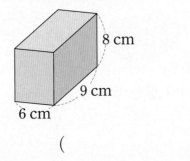

(   )

15 입체도형의 부피는 몇 cm³인가요?

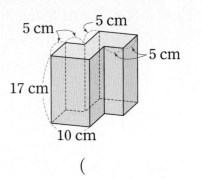

(   )

16 입체도형의 겉넓이는 몇 cm²인가요?

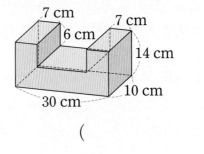

(   )

17 정육면체 가와 나의 한 모서리의 길이의 비가 1 : 2일 때 정육면체 가와 나의 부피의 비를 써 보세요.

(   )

1 직육면체를 잘라 다음과 같은 삼각기둥을 만들었습니다. 이 삼각기둥의 부피는 몇 cm³인가요?

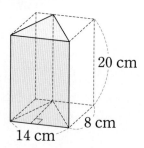

20 cm

8 cm
14 cm

(   )

2 직육면체 모양의 나무토막을 오른쪽 그림과 같이 네 부분으로 잘랐습니다. 나누어진 나무토막의 겉넓이의 합은 나누기 전 나무토막의 겉넓이보다 몇 cm² 더 넓은가요?

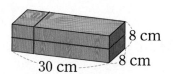

8 cm
8 cm
30 cm

(   )

나누기 전 나무토막보다 어느 면이 더 늘어나는지 찾아봅니다.

3 정육면체 모양의 쌓기나무 16개를 오른쪽과 같이 쌓아 놓고 바닥을 포함한 모든 겉면에 색을 칠하였더니 색칠된 면의 넓이의 합이 360 cm²이었습니다. 쌓기나무를 각각 떼어 놓았을 때, 색칠되지 않은 면의 넓이의 합은 몇 cm²인가요?

(   )

(색칠된 면의 수)＋(색칠되지 않은 면의 수)＝(전체 면의 수)입니다.

경시 문제 맛보기

4 한 모서리의 길이가 1 cm인 쌓기나무 8개를 모두 사용하여 만든 직육면체 중에서 겉넓이가 가장 좁은 경우는 몇 cm²인가요?

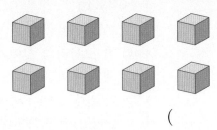

(   )

창의·융합 UP

5 우체국에서는 택배를 보낼 때 필요한 상자를 크기별로 판매하고 있습니다. 다음은 우체국에서 판매하는 상자의 종류와 가격입니다. 승호가 밀가루 64000 cm³를 상자 2개에 나누어 담아 보내려고 할 때, 상자를 구입하기 위해 필요한 금액은 적어도 얼마인지 구해 보세요. (단, 상자의 두께는 생각하지 않습니다.)

수학 + 사회

우체국에서 파는 상자들의 부피를 구한 후 어떻게 사야 가장 저렴한지 생각해 봅니다.

상자	가로(cm)	세로(cm)	높이(cm)	가격(원)
1호	22	19	9	400
2호	27	18	15	500
3호	34	25	21	800
4호	41	31	28	1100
5호	48	38	34	1700
6호	52	48	40	2300

(   )

1 한 면의 넓이가 $36\ cm^2$인 정육면체의 겉넓이는 몇 cm^2인가요?

(   )

2 ☐ 안에 알맞은 수를 써넣으세요.

(1) ☐ $m^3 = 5000000\ cm^3$

(2) ☐ $cm^3 = 1.42\ m^3$

(3) $7.6\ m^3 =$ ☐ cm^3

3 직육면체의 부피가 $280\ cm^3$일 때, ㉠에 알맞은 수를 구해 보세요.

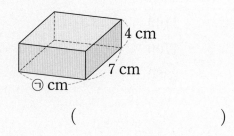

(   )

4 부피가 큰 순서대로 기호를 써 보세요.

> ㉠ $3.2\ m^3$
> ㉡ $1750000\ cm^3$
> ㉢ 한 모서리의 길이가 $100\ cm$인 정육면체의 부피
> ㉣ 가로가 $2\ m$, 세로가 $1.5\ m$, 높이가 $60\ cm$인 직육면체의 부피

(   )

중요
5 한 모서리의 길이가 $400\ cm$인 정육면체의 부피는 몇 m^3인가요?

(   )

6 빗금 친 면의 넓이가 $35\ cm^2$일 때, 직육면체의 부피는 몇 cm^3인가요?

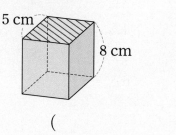

(   )

7 직육면체의 부피가 560 cm^3일 때, 이 직육면체의 겉넓이는 몇 cm^2인가요?

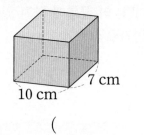

10 cm   7 cm

(   )

중요
8 전개도를 접어 만들어지는 직육면체의 부피는 몇 cm^3인가요?

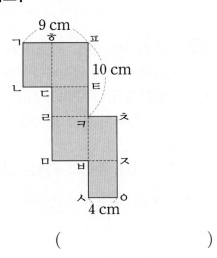

9 cm   10 cm   4 cm

(   )

9 오른쪽 정육면체의 겨냥도에서 보이는 모서리의 길이의 합은 63 cm입니다. 이 정육면체의 겉넓이는 몇 cm^2인가요?

(   )

10 다음 직육면체와 겉넓이가 같은 정육면체의 한 모서리의 길이는 몇 cm인가요?

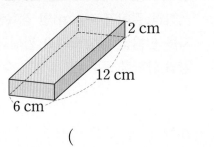

2 cm   12 cm   6 cm

(   )

11 부피가 48 cm^3인 직육면체가 있습니다. 이 직육면체의 가로, 세로, 높이를 정해 표를 완성해 보세요. (단, 각 모서리의 길이는 자연수입니다.)

가로(cm)	세로(cm)	높이(cm)	부피(cm^3)
			48
			48

12 작은 정육면체 여러 개를 다음과 같이 쌓았습니다. 쌓은 정육면체 모양의 부피가 512 cm^3일 때, 작은 정육면체의 한 모서리의 길이는 몇 cm인가요?

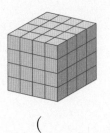

(   )

13 가로가 4 m, 세로가 2 m, 높이가 2 m인 직육면체 모양의 창고가 있습니다. 이 창고에 한 모서리의 길이가 40 cm인 정육면체 모양의 상자를 빈틈없이 쌓으려고 합니다. 정육면체 모양의 상자를 모두 몇 개 쌓을 수 있나요?

( )

중요
14 부피가 1 cm³인 쌓기나무 12개로 만들 수 있는 직육면체 모양은 모두 몇 가지인가요? (단, 뒤집거나 돌렸을 때 같은 모양이면 한 가지로 생각합니다.)

( )

15 다음과 같은 직육면체 모양의 점토를 잘라 만들 수 있는 가장 큰 정육면체의 겉넓이는 몇 cm²인가요?

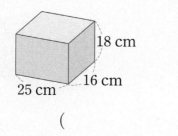

( )

16 다음은 한 모서리의 길이가 20 cm인 정육면체 모양의 물통이 기울어진 것을 앞에서 본 모양입니다. 이 물통에 담겨 있는 물의 부피는 몇 cm³인가요?

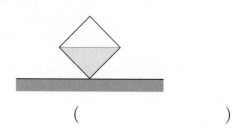

( )

17 가로가 100 cm, 세로가 80 cm인 직사각형 모양의 종이가 있습니다. 다음 그림과 같이 네 귀퉁이에서 한 변이 8 cm인 정사각형을 오려 낸 후 접어서 상자 모양을 만들었습니다. 상자의 부피는 몇 cm³인가요?
(단, 종이의 두께는 생각하지 않습니다.)

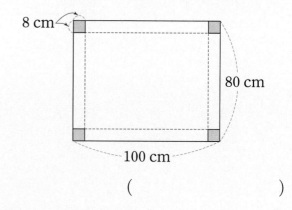

( )

18 직육면체에서 세로와 높이는 같고 가로가 달라지면 부피는 어떻게 변하는지 설명해 보세요.

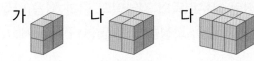

가　나　다

설명 _____

_____

19 주아가 직육면체의 겉넓이를 구하는 방법을 잘못 설명한 것입니다. 잘못된 이유를 쓰고 직육면체의 겉넓이는 몇 cm^2인지 풀이 과정을 쓰고 답을 구해 보세요.

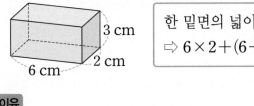

3 cm
6 cm
2 cm

한 밑면의 넓이와 옆면의 넓이를 더하면 겉넓이를 구할 수 있어.
⇨ $6 \times 2 + (6+2+6+2) \times 3 = 60(cm^2)$

이유 _____

풀이 _____

답 _____

20 입체도형의 부피는 몇 cm^3인지 두 가지 방법으로 풀이 과정을 쓰고 답을 구해 보세요.

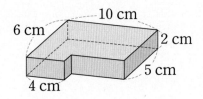

10 cm
6 cm
2 cm
5 cm
4 cm

방법 1 _____

방법 2 _____

답 _____

21 오른쪽 그림과 같은 직육면체 모양의 나무토막을 밑면에 수직으로 4등분하였습니다. 잘린 나무토막의 겉넓이의 합과 처음 나무토막의 겉넓이의 차는 몇 cm²인지 풀이 과정을 쓰고 답을 구해 보세요.

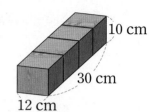

풀이

답

22 오른쪽 그림과 같이 한 모서리의 길이가 12 cm인 정육면체 모양의 벽돌을 물이 12 cm 높이만큼 들어 있는 직육면체 모양의 물통에 완전히 잠기게 넣었습니다. 물의 높이는 몇 cm가 되는지 풀이 과정을 쓰고 답을 구해 보세요.

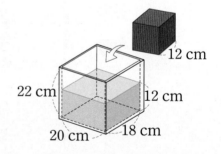

풀이

답

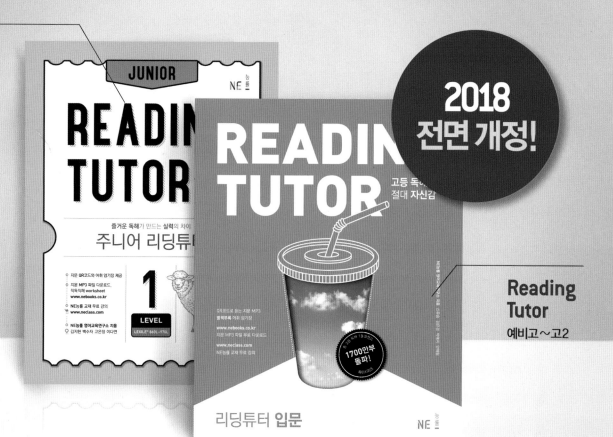

초등 수학

6-1

정답과 해설

수학의곤수

초등 수학
6-1
수학의고수
정답과 해설

정답과 해설

1 분수의 나눗셈

1 $1 \div 6 = \dfrac{1}{6}$

2 (예) $\dfrac{5}{9} \div 3 = \dfrac{15}{27} \div 3 = \dfrac{15 \div 3}{27} = \dfrac{5}{27}$

3 ㄹ

4 (1) $\dfrac{7}{12}$　(2) $\dfrac{3}{5}$

5 ㄷ

6 $\dfrac{9}{16}$

7 $\dfrac{3}{5}$ L

8 $\dfrac{5}{8}$

9 $\dfrac{7}{4}$ km

10 $\dfrac{9}{7}$ cm²

11 $\dfrac{1}{8}$

12 $\dfrac{4}{3}$ kg

---

2 분자가 나누는 수의 배수가 아닐 때에는 크기가 같은 분수 중에 분자가 나누는 수의 배수인 수로 바꾸어 계산합니다.

3 ● ÷ ▲에서 ● > ▲이면 몫이 1보다 큽니다.
　ㄱ 3 < 11　ㄴ 9 < 16　ㄷ 12 < 13　ㄹ 15 > 8
　따라서 몫이 1보다 큰 것은 ㄹ입니다.

다른 풀이 ㄱ $\dfrac{3}{11}$　ㄴ $\dfrac{9}{16}$　ㄷ $\dfrac{12}{13}$　ㄹ $\dfrac{15}{8}$

따라서 몫이 1보다 큰 것은 ㄹ입니다.

4 (1) $2\dfrac{1}{3} \div 4 = \dfrac{7}{3} \div 4 = \dfrac{7}{3} \times \dfrac{1}{4} = \dfrac{7}{12}$

　(2) $4\dfrac{4}{5} \div 8 = \dfrac{24}{5} \div 8 = \dfrac{24 \div 8}{5} = \dfrac{3}{5}$

5 ㄱ $\dfrac{3}{4} \div 3 = \dfrac{3}{4} \times \dfrac{1}{3} = \dfrac{3}{12} = \dfrac{1}{4}$

　ㄴ $\dfrac{2}{5} \div 4 = \dfrac{2}{5} \times \dfrac{1}{4} = \dfrac{2}{20} = \dfrac{1}{10}$

　ㄷ $\dfrac{3}{7} \div 6 = \dfrac{3}{7} \times \dfrac{1}{6} = \dfrac{3}{42} = \dfrac{1}{14}$

　ㄹ $\dfrac{4}{9} \div 4 = \dfrac{4}{9} \times \dfrac{1}{4} = \dfrac{4}{36} = \dfrac{1}{9}$

따라서 계산 결과가 가장 작은 것은 ㄷ입니다.

> **참고**
> 분자가 1일 때에는 분모가 클수록 더 작습니다.

6 $\dfrac{45}{8} = 5\dfrac{5}{8}$이므로 $10 > \dfrac{45}{8}$입니다.

⇨ $\dfrac{45}{8} \div 10 = \dfrac{\overset{9}{\cancel{45}}}{8} \times \dfrac{1}{\underset{2}{\cancel{10}}} = \dfrac{9}{16}$

7 (한 사람이 마신 우유의 양)
$= \dfrac{12}{5} \div 4 = \dfrac{12 \div 4}{5} = \dfrac{3}{5}$(L)

8 $7 \times \square = 4\dfrac{3}{8}$ ⇨ $\square = 4\dfrac{3}{8} \div 7 = \dfrac{\overset{5}{\cancel{35}}}{8} \times \dfrac{1}{\underset{1}{\cancel{7}}} = \dfrac{5}{8}$

9 (1분 동안 간 거리)
$= 15\dfrac{3}{4} \div 9 = \dfrac{\overset{7}{\cancel{63}}}{4} \times \dfrac{1}{\underset{1}{\cancel{9}}} = \dfrac{7}{4}$(km)

10 정사각형을 8등분한 것 중 3개를 색칠하였습니다.

(색칠한 부분의 넓이)
$= \dfrac{24}{7} \div 8 \times 3 = \dfrac{\overset{3}{\cancel{24}}}{7} \times \dfrac{1}{\underset{1}{\cancel{8}}} \times 3 = \dfrac{9}{7}$(cm²)

> **참고**
> $\dfrac{9}{7} = 1\dfrac{2}{7}$이므로 대분수로 답을 써도 정답으로 인정합니다.
> 4학년에서 분수의 종류(진분수, 가분수, 대분수)를 배우면서 가분수와 대분수를 서로 바꾸어 나타내는 학습을 하여 4학년에서는 계산 결과가 가분수일 경우 모두 대분수로 나타내었습니다.
> 대분수는 수의 크기를 직관적으로 가늠하기 편리하도록 자연수와 진분수의 합으로 나타낸 수입니다.
> 그러나 분수의 곱셈, 나눗셈을 할 때에는 반드시 가분수로 나타내어 계산해야 하므로 5학년부터는 대분수로 나타내는 과정을 생략해도 좋습니다. 또한 중등 과정부터는 대분수를 다루지 않습니다.

11 $\square \times 6 = 5\dfrac{1}{4} \div 7 = \dfrac{\overset{3}{\cancel{21}}}{4} \times \dfrac{1}{\underset{1}{\cancel{7}}} = \dfrac{3}{4}$

⇨ $\square = \dfrac{3}{4} \div 6 = \dfrac{\overset{1}{\cancel{3}}}{4} \times \dfrac{1}{\underset{2}{\cancel{6}}} = \dfrac{1}{8}$

12 (한 사람이 가진 쌀의 양)
$= \left(\dfrac{20}{3} - \dfrac{4}{3}\right) \div 4 = \dfrac{16}{3} \div 4$

$$=\frac{16\div 4}{3}=\frac{4}{3}(kg)$$

10~14쪽

1 대표문제 $\dfrac{59}{5}$

1단계 5, 5, 3 / 5   2단계 3, 9, 59

유제 **1** $\dfrac{43}{3}$ 유제 **2** $\dfrac{7}{6}$

---

2 대표문제 $\dfrac{12}{7}$ cm

1단계 5   2단계 5, 60, 5, 12

유제 **3** $\dfrac{14}{3}$ cm   유제 **4** $\dfrac{25}{6}$ cm

---

3 대표문제 $\dfrac{19}{5}$

1단계 2   2단계 7, 3 / 5   3단계 38, 19

유제 **5** $\dfrac{7}{20}$ 유제 **6** $\dfrac{30}{7}$

---

4 대표문제 $\dfrac{4}{49}$ cm²

1단계 144   2단계 4, 36   3단계 9, 4

유제 **7** $\dfrac{1}{50}$ cm²

---

5 대표문제 60

1단계 60   2단계 60   3단계 60

유제 **8** 27   유제 **9** 8

유제 **1** (눈금 한 칸의 크기)

$$=(16-11)\div 6=5\div 6=\frac{5}{6}$$

㉠이 나타내는 수는 11보다 눈금 4칸이 큰 수이므로

$$㉠=11+\frac{5}{\overset{}{\underset{3}{6}}}\times\overset{2}{4}=11+\frac{10}{3}=\frac{43}{3}$$ 입니다.

다른 풀이 (눈금 한 칸의 크기)

$$=(16-11)\div 6=5\div 6=\frac{5}{6}$$

㉠이 나타내는 수는 16보다 눈금 2칸이 작은 수이므로

$$㉠=16-\frac{5}{\overset{}{\underset{3}{6}}}\times\overset{1}{2}=16-\frac{5}{3}=\frac{43}{3}$$ 입니다.

유제 **2** (눈금 한 칸의 크기)

$$=(6\frac{1}{6}-4\frac{1}{8})\div 7=(6\frac{4}{24}-4\frac{3}{24})\div 7$$

$$=2\frac{1}{24}\div 7=\frac{49}{24}\div 7$$

$$=\frac{49\div 7}{24}=\frac{7}{24}$$

㉠과 ㉡의 사이의 거리는 눈금 4칸의 크기와 같습니다.

$$\Rightarrow (㉠과 ㉡ 사이의 거리)=\frac{7}{\overset{}{\underset{6}{24}}}\times\overset{1}{4}=\frac{7}{6}$$

유제 **3** 높이를 □ cm라 하면

(평행사변형의 넓이)=(밑변)×(높이)이므로

$$9\frac{1}{3}=2\times □$$ 입니다.

$$\Rightarrow □=9\frac{1}{3}\div 2=\frac{\overset{14}{28}}{3}\times\frac{1}{\underset{1}{2}}=\frac{14}{3}(cm)$$

유제 **4** 다른 대각선의 길이를 □ cm라 하면

(마름모의 넓이)

=(한 대각선의 길이)×(다른 대각선의 길이)÷2

이므로 $\dfrac{25}{4}=3\times □\div 2$입니다.

$$\Rightarrow □=\frac{25}{\underset{2}{4}}\times\overset{1}{2}\div 3=\frac{25}{2}\times\frac{1}{3}=\frac{25}{6}(cm)$$

유제 **5** 몫이 가장 작으려면 나누는 자연수가 가장 커야 합니다. ⇨ 나누는 자연수: 8

몫이 가장 작으려면 나누어지는 대분수는 가장 작아야 합니다. ⇨ 나누어지는 대분수: $2\dfrac{4}{5}$

따라서 몫이 가장 작은 (대분수)÷(자연수)의 몫은

$$2\frac{4}{5}\div 8=\frac{14}{5}\div 8=\frac{\overset{7}{14}}{5}\times\frac{1}{\underset{4}{8}}=\frac{7}{20}$$ 입니다.

유제 **6** 몫이 가장 크려면 나누는 수는 가장 작아야 하므로 ㉠이 될 수 있는 수는 4보다 작은 짝수인 2입니다.

따라서 이 나눗셈의 몫은

$$8\frac{4}{7}\div 2=\frac{60}{7}\div 2=\frac{60\div 2}{7}=\frac{30}{7}$$ 입니다.

유제 **7** (평행사변형의 넓이)$=\dfrac{3}{5}\times\dfrac{4}{5}=\dfrac{12}{25}(cm^2)$

처음에는 6등분 한 것 중의 1이므로

(처음 나누었을 때 한 부분의 넓이)

$=\dfrac{12}{25}\div 6=\dfrac{12\div 6}{25}=\dfrac{2}{25}$(cm²)입니다.

색칠한 부분의 넓이는 처음 나누었을 때의 한 부분의 넓이를 4등분 한 것 중의 1이므로

(색칠한 부분의 넓이)$=\dfrac{2}{25}\div 4=\dfrac{4}{50}\div 4$

$=\dfrac{4\div 4}{50}=\dfrac{1}{50}$(cm²)입니다.

다른 풀이 (평행사변형의 넓이)$=\dfrac{3}{5}\times\dfrac{4}{5}=\dfrac{12}{25}$(cm²)

색칠한 부분은 전체 평행사변형을 똑같이 6개로 나눈 것 중의 하나를 다시 똑같이 4개로 나눈 것 중의 하나입니다.

➡ (색칠한 부분의 넓이)

$=\dfrac{12}{25}\div 6\div 4$

$=\dfrac{\overset{2}{\cancel{12}}}{25}\times\dfrac{1}{\cancel{6}}\times\dfrac{1}{\cancel{4}}=\dfrac{1}{50}$(cm²)

유제 8 $1\dfrac{1}{9}\times ㉠\div 15=\dfrac{\overset{2}{\cancel{10}}}{9}\times ㉠\times\dfrac{1}{\cancel{15}}=\dfrac{2\times㉠}{27}$

계산 결과가 가장 작은 자연수가 되려면 ㉠은 27의 가장 작은 배수이어야 합니다.

따라서, ㉠은 27입니다.

유제 9 $2\dfrac{\square}{11}\times 22\div 6=\dfrac{22+\square}{\underset{1}{\cancel{11}}}\times\overset{\overset{1}{\cancel{2}}}{\cancel{22}}\times\dfrac{1}{\underset{3}{\cancel{6}}}$

$=(22+\square)\times\dfrac{1}{3}$

계산 결과가 가장 큰 자연수가 되려면 $22+\square$는 3의 배수 중 가장 큰 수이어야 합니다.

$(22+\square)$를 3의 배수 $24(=22+2)$, $27(=22+5)$, $30(=22+8)$, $33(=22+11)$……으로 만드는 $\square$는 2, 5, 8, 11……이고, $\square$는 11보다 작아야 하므로 가장 큰 자연수 $\square$는 8입니다.

STEP 2 고수 실전문제

15~17쪽

1 $\dfrac{8}{11}$ 2 2   3 $\dfrac{16}{3}$ cm

4 ㉡   5 $\dfrac{2}{13}$ kg   6 $\dfrac{1}{8}$

7 $\dfrac{3}{4}$ m   8 $\dfrac{4}{9}$ cm   9 $\dfrac{17}{80}$

10 $\dfrac{1}{16}$ 11 $\dfrac{8}{3}$ m   12 $\dfrac{17}{4}$ cm²

13 $\dfrac{32}{5}$ cm   14 $\dfrac{3}{5}$ cm   15 $\dfrac{24}{7}$ km

16 $\dfrac{25}{9}$ cm   17 오전 3시 50분   18 2일

1 $8\div\square=11$ ➡ $\square=8\div 11=\dfrac{8}{11}$

2 $6\dfrac{1}{2}\div 4=\dfrac{13}{2}\times\dfrac{1}{4}=\dfrac{13}{8}=1\dfrac{5}{8}$

➡ $1\dfrac{5}{8}$보다 큰 수 중 가장 작은 자연수는 2입니다.

3 (높이)=(삼각형의 넓이)×2÷4

$=10\dfrac{2}{3}\times 2\div 4=\dfrac{\overset{8}{\cancel{32}}}{3}\times 2\times\dfrac{1}{\cancel{4}}$

$=\dfrac{16}{3}$(cm)

4 ㉠ ▲$\times\dfrac{1}{9}$ ㉡ ▲$\times\dfrac{1}{6}$ ㉢ ▲$\times\dfrac{1}{10}$ ㉣ ▲$\times\dfrac{1}{14}$

분수의 곱셈에서 곱하는 수가 클수록 그 결과는 커집니다.

따라서 $\dfrac{1}{6}>\dfrac{1}{9}>\dfrac{1}{10}>\dfrac{1}{14}$이므로 계산 결과가 가장 큰 것은 ㉡입니다.

5 (전체 소금의 양)$=\dfrac{8}{\underset{13}{\cancel{39}}}\times\overset{1}{\cancel{3}}=\dfrac{8}{13}$(kg)

➡ (한 사람이 가지는 소금의 양)

$=\dfrac{8}{13}\div 4=\dfrac{\overset{2}{8}}{13}\times\dfrac{1}{\underset{1}{\cancel{4}}}=\dfrac{2}{13}$(kg)

6 $\square=\dfrac{9}{4}\div 6\div 3=\dfrac{\overset{\overset{1}{\cancel{3}}}{\cancel{9}}}{4}\times\dfrac{1}{\underset{2}{\cancel{6}}}\times\dfrac{1}{\underset{1}{\cancel{3}}}=\dfrac{1}{8}$

7 (나무 도막의 수)=(자른 횟수)+1이므로 11번을 자르면 나무 도막은 12도막이 됩니다.

➡ (한 도막의 길이)$=9\div 12=\dfrac{9}{12}=\dfrac{3}{4}$(m)

8 (정육각형의 한 변의 길이)

$$=\frac{32}{3}\div 6=\frac{\overset{16}{\cancel{32}}}{3}\times\frac{1}{\underset{3}{\cancel{6}}}=\frac{16}{9}(\text{cm})$$

(정팔각형의 한 변의 길이)

$$=\frac{32}{3}\div 8=\frac{32\div 8}{3}=\frac{4}{3}(\text{cm})$$

따라서 정육각형의 한 변의 길이는 정팔각형의 한 변의 길이보다 $\frac{16}{9}-\frac{4}{3}=\frac{16}{9}-\frac{12}{9}=\frac{4}{9}(\text{cm})$ 더 깁니다.

9 어떤 수를 □라 하여 잘못 계산한 식을 세우면

$$\square\times 4=3\frac{2}{5},\ \square=\frac{17}{5}\div 4=\frac{17}{5}\times\frac{1}{4}=\frac{17}{20}\text{입니다.}$$

따라서 바르게 계산한 값은

$$\frac{17}{20}\div 4=\frac{17}{20}\times\frac{1}{4}=\frac{17}{80}\text{입니다.}$$

10 $\frac{㉮}{㉯}$를 나눗셈으로 나타내면 $㉮\div㉯$입니다.

$$\Rightarrow\frac{㉮}{㉯}=㉮\div㉯=\frac{3}{8}\div 6=\frac{\overset{1}{\cancel{3}}}{8}\times\frac{1}{\underset{2}{\cancel{6}}}=\frac{1}{16}$$

11 학생이 10명이므로 그 간격은 9군데입니다.

$$\Rightarrow \text{(학생과 학생 사이의 거리)}=6\div 9=\frac{2}{3}(\text{m})$$

따라서 첫째 학생과 다섯째 학생 사이의 거리는

$$\frac{2}{3}\times 4=\frac{8}{3}(\text{m})\text{입니다.}$$

12 색칠한 부분은 밑변이 $(6\frac{3}{8}\div 3)$ cm, 높이가 4 cm 인 삼각형의 넓이와 같습니다.

$$\text{(밑변)}=6\frac{3}{8}\div 3=\frac{\overset{17}{\cancel{51}}}{8}\times\frac{1}{\underset{1}{\cancel{3}}}=\frac{17}{8}(\text{cm})$$

$$\Rightarrow \text{(색칠한 부분의 넓이)}=\frac{17}{8}\times 4\div 2$$

$$=\frac{17}{8}\times\overset{1}{\cancel{4}}\times\frac{1}{2}=\frac{17}{4}(\text{cm}^2)$$

13 (겹쳐진 부분의 수)=(색 테이프의 수)−1이므로

(겹쳐진 부분의 수)=15−1=14(군데)입니다.

(이어 붙인 색 테이프 전체의 길이)

=(색 테이프 15장의 길이)−(겹쳐진 부분의 길이)

이므로 색 테이프 한 장의 길이를 □cm라 하면

$$\square\times 15-\frac{5}{7}\times 14=86,\ \square\times 15-10=86,$$

$$\square\times 15=96,\ \square=\frac{32}{5}\text{입니다.}$$

14 (가로와 세로의 합)

$$=4\frac{1}{10}\div 2=\frac{41}{10}\times\frac{1}{2}=\frac{41}{20}(\text{cm})$$

오른쪽 그림과 같이 세로를 □cm라 하면 가로는 $(\square\times 2+\frac{1}{4})$ cm 이므로

$$\square\times 2+\frac{1}{4}+\square=\frac{41}{20},\ \square\times 3+\frac{1}{4}=\frac{41}{20},$$

$$\square\times 3=\frac{9}{5},\ \square=\frac{9}{5}\div 3=\frac{3}{5}\text{입니다.}$$

15 (진우가 1분 동안 걸은 거리)$=\frac{3}{7}\div 6=\frac{1}{14}(\text{km})$

(유나가 1분 동안 걸은 거리)$=\frac{4}{5}\div 8=\frac{1}{10}(\text{km})$

두 사람 사이의 거리는 1분에

$\frac{1}{14}+\frac{1}{10}=\frac{6}{35}(\text{km})$씩 늘어나므로 20분 동안 걸었을 때 두 사람 사이의 거리는

$$\frac{6}{\underset{7}{\cancel{35}}}\times\overset{4}{\cancel{20}}=\frac{24}{7}(\text{km})\text{입니다.}$$

16 (삼각형 ㄱㄴㅁ의 넓이)

=(직사각형 ㄱㄴㄷㄹ의 넓이)÷6

$$=(8\frac{1}{3}\times 6)\div 6=50\div 6=\frac{25}{3}(\text{cm}^2)$$

선분 ㄴㅁ의 길이를 □cm라 하면

$$\square\times 6\div 2=\frac{25}{3},$$

$$\square=\frac{25}{3}\times 2\div 6=\frac{\overset{25}{\cancel{50}}}{3}\times\frac{1}{\underset{3}{\cancel{6}}}=\frac{25}{9}\text{입니다.}$$

17 하루는 24시간이므로 1시간에 $30\div 24=\frac{5}{4}(\text{분})$씩 늦어집니다.

내일 오전 4시는 오늘 오후 8시부터 8시간 후이므로

늦어지는 시간은 $\dfrac{5}{\overset{}{\underset{1}{4}}}\times\overset{2}{8}=10$(분)입니다.

따라서 내일 오전 4시에 이 시계가 가리키는 시각은
오전 4시 $-$ 10분 $=$ 오전 3시 50분입니다.

18 전체 일의 양을 1이라 하면

(지아가 하루 동안 하는 일의 양)

$=\dfrac{1}{4}\div3=\dfrac{1}{4}\times\dfrac{1}{3}=\dfrac{1}{12}$,

(민호가 하루 동안 하는 일의 양)

$=\dfrac{5}{6}\div2=\dfrac{5}{6}\times\dfrac{1}{2}=\dfrac{5}{12}$입니다.

(두 사람이 함께 하루 동안 하는 일의 양)

$=\dfrac{1}{12}+\dfrac{5}{12}=\dfrac{1}{2}$이므로 두 사람이 함께 일을 모두

마치는 데 2일이 걸립니다.

> **참고**
>
> 전체 일을 1로 보았을 때 어떤 일을 하는 데 ■일이 걸리면
> 하루 동안 하는 일의 양은 $1\div■=\dfrac{1}{■}$입니다.

STEP 3 고수 최고문제

18 ~ 19쪽

1 9 cm	**2** 58 cm²	**3** 2가지
4 13개	**5** 53분 10초	

1 직사각형의 가로를 $\square$ cm라 하면 세로는

($\square\times4$) cm이므로 둘레는

$\square+\square\times4+\square+\square\times4=5\dfrac{5}{8}$,

$\square\times10=5\dfrac{5}{8}$입니다.

$\square=5\dfrac{5}{8}\div10=\dfrac{\overset{9}{45}}{8}\times\dfrac{1}{\underset{2}{10}}=\dfrac{9}{16}$(cm)

정사각형의 한 변의 길이는 직사각형의 세로와 같으

므로 $\dfrac{9}{16}\times\overset{1}{4}=\dfrac{9}{4}$(cm)이고, 정사각형의 둘레는

$\dfrac{9}{\underset{1}{4}}\times\overset{1}{4}=9$(cm)입니다.

2 겹쳐진 부분의 5배가 정사각형 한 개의 넓이이므로
겹쳐진 부분의 넓이를 $\square$ cm²라 하면

(도형 전체의 넓이) $=\square\times5+\square\times5-\square$

$\qquad\qquad\qquad=\square\times9=104\dfrac{2}{5}$입니다.

$\square=104\dfrac{2}{5}\div9=\dfrac{\overset{58}{522}}{5}\times\dfrac{1}{\underset{1}{9}}=\dfrac{58}{5}$이므로

(정사각형 한 개의 넓이) $=\dfrac{58}{\underset{1}{5}}\times\overset{1}{5}=58$(cm²)

입니다.

3 $2\dfrac{3}{5}\times㉠\div㉡=\dfrac{13}{5}\times㉠\times\dfrac{1}{㉡}=\dfrac{13\times㉠}{5\times㉡}$에서

㉠과 ㉡은 각각 1보다 큰 한 자리 자연수입니다.

• ㉡ $=2$인 경우: $\dfrac{13\times㉠}{5\times2}=\dfrac{13\times㉠}{10}>10$이므로

$13\times㉠>100$입니다. ⇨ ㉠ $=8, 9$

• ㉡ $=3$인 경우: $\dfrac{13\times㉠}{5\times3}=\dfrac{13\times㉠}{15}>10$이므로

$13\times㉠>150$입니다. $13\times9=117$이므로 ㉡이 3
인 경우는 해당되지 않습니다.

• ㉡이 3보다 큰 경우: 분모가 15보다 커지므로 ㉠
에 알맞은 수가 있을 수 없습니다.

따라서 식의 값이 10보다 큰 경우는 $2\dfrac{3}{5}\times8\div2$와

$2\dfrac{3}{5}\times9\div2$로 모두 2가지입니다.

4 $㉠\div㉡=\dfrac{㉠}{㉡}=\dfrac{9}{4}$이므로 ㉠은 9의 배수이고, ㉡은

4의 배수입니다.

$9\times11=99$이므로 9의 배수 중 가장 작은 세 자리
수는 $9\times12=108$입니다.

⇨ (식을 만족하는 수 중 분모와 분자가 가장 작은 수)

$\qquad=\dfrac{9\times12}{4\times12}=\dfrac{108}{48}$

$100\div4=25$이므로 4의 배수 중 가장 큰 두 자리 수
는 $4\times24=96$입니다.

⇨ (식을 만족하는 수 중 분모와 분자가 가장 큰 수)

$\qquad=\dfrac{9\times24}{4\times24}=\dfrac{216}{96}$

식을 만족하는 분수는 $\dfrac{9\times12}{4\times12}$, $\dfrac{9\times13}{4\times13}$ ……,

$\dfrac{9\times24}{4\times24}$로 모두 13개입니다.

따라서 이 분수들은 분자와 분모의 합이 모두 다르므로 ㉠+㉡이 될 수 있는 수는 모두 13개입니다.

5 노선별로 한 정거장을 가는 데 걸리는 시간을 알아보면

2호선: $8 \div 3 = \dfrac{8}{3}$(분), 7호선: $7 \div 2 = \dfrac{7}{2}$(분),

분당선: 4분입니다.

노선을 바꾸어 탈 때 10분이 걸리므로 가장 빠르게 노선을 한 바퀴 돌려면 노선을 바꾸어 타는 곳에서 시작해야 합니다.

따라서 주어진 노선을 따라 한 바퀴 도는 데 걸리는 가장 빠른 시간은

$\dfrac{8}{3} \times 4 + 10 + \dfrac{7}{2} \times 3 + 10 + 4 \times 3 = 53\dfrac{1}{6}$(분)

⇨ 53분 10초입니다.

고수 단원평가문제

1 예) $\dfrac{6}{7} \div 3 = \dfrac{6 \div 3}{7} = \dfrac{2}{7}$ / $\dfrac{6}{7} \div 3 = \dfrac{6}{7} \times \dfrac{1}{3} = \dfrac{2}{7}$

2 (1) $\dfrac{1}{22}$　(2) $\dfrac{7}{5}$　　**3** ㉡, ㉢

4 $1\dfrac{6}{7} \div 3 = \dfrac{13}{7} \times \dfrac{1}{3} = \dfrac{13}{21}$

5 $\dfrac{2}{5}$ kg　　　　**6** $\dfrac{24}{5}$ cm

7 $\dfrac{7}{9}$　　　　　　**8** $\dfrac{2}{9}$ m

9 1, 2, 3, 4　　　**10** 5 / 6, 7, $\dfrac{5}{42}$

11 $\dfrac{8}{7}$　　　　　　**12** $\dfrac{11}{7}$ cm²

13 $\dfrac{1}{16}$ m　　　　**14** $\dfrac{13}{42}$ kg

15 오전 9시 36분　　**16** $\dfrac{1}{45}$

17 6일　　　　　　**18** $\dfrac{37}{10}$ cm

19 풀이 ❶ 소희네 모둠이 칠하는 색깔의 종류는 4가지이므로 노란색을 칠하는 부분의 넓이는

$23 \div 4 = \dfrac{23}{4} = 5\dfrac{3}{4}$(cm²)입니다. ❷ 준수네 모둠이 칠하는 색깔의 종류는 3가지이므로 노란색을 칠하는 부분의 넓이는 $19 \div 3 = \dfrac{19}{3} = 6\dfrac{1}{3}$(cm²)입니다.

❸ $6\dfrac{1}{3} > 5\dfrac{3}{4}$이므로 준수네 모둠이 노란색을 칠하는 부분이 더 넓습니다. 답 준수네 모둠

20 풀이 ❶ 몫이 가장 작으려면 나누는 자연수가 가장 커야 하므로 나누는 자연수는 5입니다. ❷ 몫이 가장 작으려면 나누어지는 대분수는 가장 작아야 하므로 나누어지는 대분수는 $2\dfrac{2}{5}$입니다. ❸ 따라서 몫은

$2\dfrac{2}{5} \div 5 = \dfrac{12}{5} \times \dfrac{1}{5} = \dfrac{12}{25}$입니다. 답 $\dfrac{12}{25}$

21 풀이 ❶ 1시간=60분이므로 진영이는 10분 동안

$2\dfrac{1}{7} \div 6 = \dfrac{\overset{5}{\cancel{15}}}{7} \times \dfrac{1}{\cancel{6}} = \dfrac{5}{14}$(km)를 갔습니다.

❷ 따라서 진우는 10분 동안 진영이보다

$2\dfrac{1}{7} - \dfrac{5}{14} = \dfrac{25}{14}$(km) 더 갔습니다.

답 $\dfrac{25}{14}$ km

22 풀이 ❶ ㉠+㉢ $= 2\dfrac{1}{6} + 3\dfrac{1}{2}$

⇨ ㉠$-2\dfrac{1}{6} = 3\dfrac{1}{2} -$ ㉢이므로 $2\dfrac{1}{6}$과 ㉠ 사이의 간격, ㉢과 $3\dfrac{1}{2}$ 사이의 간격이 같습니다.

㉡+㉢ $=$ ㉠$+3\dfrac{1}{2}$

⇨ ㉡$-$㉠ $= 3\dfrac{1}{2} -$ ㉢이므로 ㉠과 ㉡ 사이의 간격, ㉢과 $3\dfrac{1}{2}$ 사이의 간격이 같습니다.

㉢$-$㉡ $=$ ㉠$-2\dfrac{1}{6}$이므로 ㉡과 ㉢ 사이의 간격, $2\dfrac{1}{6}$과 ㉠ 사이의 간격이 같습니다.

즉, 수직선 위에 있는 수들의 간격은 모두 같습니다. ❷ (이웃하는 두 수의 차)

$= (3\dfrac{1}{2} - 2\dfrac{1}{6}) \div 4 = \dfrac{4}{3} \div 4 = \dfrac{1}{3}$입니다.

❸ 따라서 ㉢ $= 3\dfrac{1}{2} - \dfrac{1}{3} = \dfrac{19}{6}$입니다. 답 $\dfrac{19}{6}$

정답과 해설 • **7**

1 분자가 나누는 수의 배수이면 분자를 자연수로 나누 거나 나눗셈을 곱셈으로 바꾸어 계산합니다.

2 (1) $\dfrac{7}{11} \div 14 = \dfrac{\overset{1}{7}}{11} \times \dfrac{1}{\underset{2}{14}} = \dfrac{1}{22}$

(2) $5\dfrac{3}{5} \div 4 = \dfrac{\overset{7}{28}}{5} \times \dfrac{1}{\underset{1}{4}} = \dfrac{7}{5}$

3 몫이 1보다 작은 경우는 나누어지는 수가 나누는 수 보다 작을 때입니다.

ⓐ 9>7 ⓑ 10<11 ⓒ 13<15 ⓓ 19>16

따라서 몫이 1보다 작은 것은 ⓑ, ⓒ입니다.

다른 풀이 ⓐ $\dfrac{9}{7}$ ⓑ $\dfrac{10}{11}$ ⓒ $\dfrac{13}{15}$ ⓓ $\dfrac{19}{16}$

따라서 몫이 1보다 작은 것은 ⓑ, ⓒ입니다.

4 대분수를 가분수로 바꾸지 않았기 때문에 잘못 계산 한 것입니다. 대분수는 반드시 가분수로 바꾼 다음 나 눗셈을 합니다.

5 (책 1권의 무게) $= \dfrac{8}{5} \div 4 = \dfrac{\overset{2}{8}}{5} \times \dfrac{1}{\underset{1}{4}} = \dfrac{2}{5}$(kg)

6 (밑변)=(평행사변형의 넓이)÷(높이)이므로

(밑변) $= 14\dfrac{2}{5} \div 3 = \dfrac{\overset{24}{72}}{5} \times \dfrac{1}{\underset{1}{3}}$

$= \dfrac{24}{5}$(cm)입니다.

7 어떤 수를 □라 하면 □×9=63에서 □=7입니다. 따라서 바르게 계산한 값을 분수로 나타내면

$7 \div 9 = \dfrac{7}{9}$입니다.

8 (나무 도막의 수)=(자른 횟수)+1이므로

(나무 도막의 수)=3+1=4(개)입니다.

따라서 나무 도막 1개의 길이는

$\dfrac{8}{9} \div 4 = \dfrac{\overset{2}{8}}{9} \times \dfrac{1}{\underset{1}{4}} = \dfrac{2}{9}$(m)로 해야 합니다.

9 몫이 1보다 크려면 나누는 수는 나누어지는 수보다 작아야 합니다.

따라서 □ 안에 들어갈 수 있는 수는 $4\dfrac{1}{5}$보다 작은 수이고, 이 중 자연수는 1, 2, 3, 4입니다.

10 몫이 가장 작게 되려면 나누어지는 수는 가장 작게, 나누는 수는 가장 크게 만들어야 합니다.

$\dfrac{5}{6} \div 7 = \dfrac{5}{6} \times \dfrac{1}{7} = \dfrac{5}{42}$

11 눈금 9칸이 $2\dfrac{4}{7}$를 나타내므로 눈금 한 칸의 크기는

$2\dfrac{4}{7} \div 9 = \dfrac{\overset{2}{18}}{7} \times \dfrac{1}{\underset{1}{9}} = \dfrac{2}{7}$입니다. ⓐ과 ⓑ 사이의 거리

는 눈금 4칸의 크기와 같으므로 $\dfrac{2}{7} \times 4 = \dfrac{8}{7}$입니다.

12 오른쪽 그림과 같이 색칠한 부분의 넓이 는 작은 정사각형 6개의 넓이와 같습니다.

⇨ (색칠한 부분의 넓이)

$= \dfrac{33}{14} \div 9 \times 6$

$= \dfrac{\overset{11}{33}}{\underset{7}{14}} \times \dfrac{1}{\underset{1}{\overset{}{9}}_3} \times \overset{1}{\underset{}{6}} = \dfrac{11}{7}$(cm²)

13 (정삼각형 한 개를 만드는 데 사용한 철사의 길이)

$= \dfrac{3}{8} \div 2 = \dfrac{3}{8} \times \dfrac{1}{2} = \dfrac{3}{16}$(m)

⇨ (정삼각형의 한 변)

$= \dfrac{3}{16} \div 3 = \dfrac{\overset{1}{3}}{16} \times \dfrac{1}{\underset{1}{3}} = \dfrac{1}{16}$(m)

14 (상자 1개의 무게)$= 5\dfrac{1}{7} \div 3 = \dfrac{36 \div 3}{7} = \dfrac{12}{7}$(kg)

(장난감 5개의 무게)

=(상자 1개의 무게)-(빈 상자 1개의 무게)

$= \dfrac{12}{7} - \dfrac{1}{6} = \dfrac{65}{42}$(kg)

⇨ (장난감 1개의 무게)$= \dfrac{65}{42} \div 5$

$= \dfrac{65 \div 5}{42} = \dfrac{13}{42}$(kg)

15 6월 1일 오전 9시부터 7월 1일 오전 9시까지는 30일 이므로

(30일 동안 빠르게 간 시간)

$$=8\frac{2}{5}\div 7\times 30=\frac{\overset{6}{42}}{5}\times\frac{1}{\underset{1}{7}}\times\overset{6}{30}=36(분)입니다.$$

따라서 7월 1일 오전 9시에 이 시계가 가리키는 시각은 오전 9시+36분=오전 9시 36분입니다.

16 $(\frac{1}{2}+\frac{1}{6}+\frac{1}{12}+\frac{1}{20})\div 36$

$$=(\frac{1}{1\times 2}+\frac{1}{2\times 3}+\frac{1}{3\times 4}+\frac{1}{4\times 5})\div 36$$

$$=(1-\frac{1}{2}+\frac{1}{2}-\frac{1}{3}+\frac{1}{3}-\frac{1}{4}+\frac{1}{4}-\frac{1}{5})\div 36$$

$$=(1-\frac{1}{5})\div 36=\frac{\overset{}{4}}{5}\times\frac{1}{\underset{9}{36}}=\frac{1}{45}$$

17 전체 일의 양을 1이라 하면
(은우와 지수가 함께 하루 동안 하는 일의 양)
$$=\frac{4}{5}\div 3=\frac{4}{5}\times\frac{1}{3}=\frac{4}{15},$$
(은우가 하루 동안 하는 일의 양)
$$=\frac{1}{2}\div 5=\frac{1}{2}\times\frac{1}{5}=\frac{1}{10},$$
(지수가 하루 동안 하는 일의 양)
$$=\frac{4}{15}-\frac{1}{10}=\frac{1}{6}입니다.$$
따라서 지수 혼자서 일을 모두 마치는 데 6일이 걸립니다.

18 두 직선 가와 나가 서로 평행하므로 평행사변형과 삼각형의 높이는 두 직선 가와 나 사이의 거리와 같습니다. 두 직선 사이의 거리를 □ cm라 하면

$$5\times\square+4\times\square\div 2=25\frac{9}{10},$$

$$5\times\square+2\times\square=25\frac{9}{10},\ 7\times\square=25\frac{9}{10},$$

$$\square=25\frac{9}{10}\div 7=\frac{37}{10}(cm)입니다.$$

따라서, 두 직선 사이의 거리는 $\frac{37}{10}$ cm입니다.

19 평가상의 유의점 각 모둠이 칠하는 색깔의 가짓수를 이용하여 노란색을 칠하는 부분의 넓이를 바르게 비교했는지 확인합니다.

단계	채점 기준	점수
❶	소희네 모둠이 노란색을 칠하는 부분의 넓이 구하기	2점
❷	준수네 모둠이 노란색을 칠하는 부분의 넓이 구하기	2점
❸	노란색을 칠하는 부분이 더 넓은 모둠 구하기	1점

20 평가상의 유의점 몫이 가장 작을 때의 자연수와 대분수를 찾아 (대분수)÷(자연수)의 몫을 바르게 구했는지 확인합니다.

단계	채점 기준	점수
❶	몫이 가장 작을 때의 자연수 구하기	2점
❷	몫이 가장 작을 때의 대분수 구하기	2점
❸	(대분수)÷(자연수)의 몫 구하기	1점

21 평가상의 유의점 진영이가 10분 동안 간 거리를 구한 다음 10분 동안 진우가 진영이보다 더 간 거리를 바르게 구했는지 확인합니다.

단계	채점 기준	점수
❶	진영이가 10분 동안 간 거리 구하기	3점
❷	10분 동안 진우가 진영이보다 몇 km 더 갔는지 구하기	2점

22 평가상의 유의점 수직선 위에 있는 수들의 간격이 모두 같음을 확인하여 이웃하는 두 수의 차를 구한 다음 ㉢을 바르게 구했는지 확인합니다.

단계	채점 기준	점수
❶	수직선 위에 있는 수들의 간격이 모두 같음을 확인하기	2점
❷	이웃하는 두 수의 차 구하기	1점
❸	㉢ 구하기	2점

참고

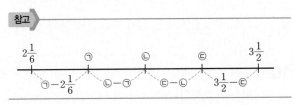

 각기둥과 각뿔

고수 확인문제

28~29쪽

1 육각기둥 **2** ㉢

3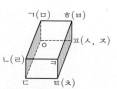

4 11개 / 27개 / 18개

5 오각기둥

6 5 / (위에서부터) 6, 8

7 면 ㅁㄹㄷㅇ **8** ㉡, ㉢

9 8 cm **10** 10개

11 팔각뿔 **12** 40 cm

---

1 밑면의 모양이 육각형이므로 육각기둥입니다.

2 ㉢ 모든 면은 합동일 수도 합동이 아닐 수도 있습니다.

4 (한 밑면의 변의 수)=9개이므로
(면의 수)=9+2=11(개),
(모서리의 수)=9×3=27(개),
(꼭짓점의 수)=9×2=18(개)입니다.

5 각기둥에서 한 밑면의 변의 수가 ■개일 때, 모서리의 수는 (■×3)개입니다.
➡ ■×3=15, ■=5에서 한 밑면의 변의 수가 5개 인 각기둥은 오각기둥입니다.

7 전개도를 접으면 오른쪽 그림 과 같습니다.

8 ㉠ 밑면은 1개입니다.
㉣ 옆면과 밑면은 서로 수직으로 만나지 않습니다.

9 각뿔의 꼭짓점에서 밑면에 수직인 선분의 길이는 8 cm입니다.

10 밑면이 오각형이고 옆면이 삼각형인 뿔 모양의 입체 도형은 오각뿔입니다.
(밑면의 변의 수)=5개이므로
(모서리의 수)=5×2=10(개)입니다.

11 각뿔에서 밑면의 변의 수가 ▲개일 때, 꼭짓점의 수는 (▲+1)개입니다.
➡ ▲+1=9, ▲=8에서 밑면의 변의 수가 8개인 각뿔은 팔각뿔입니다.

---

12 옆면이 4개인 각뿔은 사각뿔로 오른 쪽 그림과 같습니다.
➡ (모든 모서리의 길이의 합)
=4×4+6×4
=16+24=40(cm)

STEP 1 고수 대표유형문제

30~37쪽

① 대표문제 7개
1단계 2 2단계 5 3단계 5, 7
유제 1 8개   유제 2 삼각뿔

② 대표문제 26개
1단계 2, 8 2단계 3, 18 3단계 26
유제 3 35개   유제 4 2개
유제 5 32개

③ 대표문제 8개
1단계 5 2단계 2, 8
유제 6 6개   유제 7 37개
유제 8 육각뿔

④ 대표문제 12 cm
1단계 3 2단계 6 3단계 12
유제 9 10 cm   유제 10 78 cm

⑤ 대표문제 37 cm
2단계 3, 11 / 5 3단계 37
유제 11 94 cm   유제 12 64 cm

⑥ 대표문제 46 cm
1단계 4 / 2 2단계 2, 4, 2, 46
유제 13 78 cm   유제 14 124 cm

⑦ 대표문제

1단계 (위에서부터) ㄱ, ㄹ 2단계

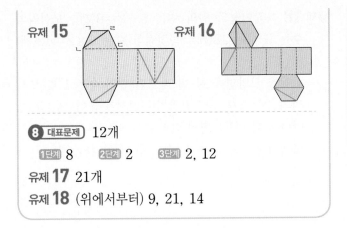

유제 15   유제 16

8 대표문제 12개
1단계 8   **2단계** 2   **3단계** 2, 12
유제 **17** 21개
유제 **18** (위에서부터) 9, 21, 14

유제 **1** 칠각기둥에서 사각형인 면은 옆면이므로 7개이고, 사각뿔에서 사각형인 면은 밑면이므로 1개입니다.
따라서 사각형인 면은 모두 7+1=8(개)입니다.

유제 **2** 밑면의 모양이 오각형인 각기둥은 오각기둥이고, 오각기둥은 오각형인 밑면 2개와 사각형인 옆면 5개로 이루어져 있으므로 각뿔에는 삼각형이나 사각형인 면이 9−5=4(개) 있습니다.
• 삼각뿔인 경우: 삼각형인 면이 4개, 사각형인 면이 0개로 조건에 맞습니다.
• 사각뿔인 경우: 삼각형인 면이 4개, 사각형인 면이 1개로 조건에 맞지 않습니다.
따라서 주어진 조건을 만족하는 각뿔은 삼각뿔입니다.

유제 **3** 칠각기둥은 한 밑면의 변의 수가 7개이므로
(꼭짓점의 수)=7×2=14(개),
(모서리의 수)=7×3=21(개)입니다.
⇨ (꼭짓점의 수)+(모서리의 수)=14+21=35(개)

유제 **4** 구각기둥은 한 밑면의 변의 수가 9개이므로
(면의 수)=9+2=11(개),
(꼭짓점의 수)=9×2=18(개),
(모서리의 수)=9×3=27(개)입니다.
⇨ (면의 수)+(꼭짓점의 수)−(모서리의 수)
=11+18−27=2(개)

유제 **5** 각기둥에서 한 밑면의 변의 수를 ■개라 하면 면의 수는 (■+2)개, 모서리의 수는 (■×3)개, 꼭짓점의 수는 (■×2)개입니다.
■×3=30, ■=10이므로
(면의 수)=10+2=12(개),
(꼭짓점의 수)=10×2=20(개)입니다.
⇨ (면의 수)+(꼭짓점의 수)=12+20=32(개)

유제 **6** 밑면의 변의 수를 ▲개라 하면 모서리의 수는 10개이므로 ▲×2=10, ▲=5입니다.
따라서 밑면의 변의 수가 5개이므로
(꼭짓점의 수)=5+1=6(개)입니다.

유제 **7** 밑면의 변의 수를 ▲개라 하면 면의 수는 13개이므로 ▲+1=13, ▲=12입니다.
따라서 (모서리의 수)=12×2=24(개),
(꼭짓점의 수)=12+1=13(개)이므로
(모서리의 수)+(꼭짓점의 수)=24+13=37(개)입니다.

유제 **8** 밑면의 변의 수를 ▲개라 하면 면의 수는 (▲+1)개, 꼭짓점의 수는 (▲+1)개, 모서리의 수는 (▲×2)개입니다.
⇨ ▲+1+▲+1+▲×2=26, ▲×4+2=26,
▲×4=24, ▲=6
따라서 밑면의 변의 수가 6개인 각뿔은 육각뿔입니다.

유제 **9** (선분 ㅍㅌ)=(선분 ㄹㅁ)=(선분 ㅂㅁ)=4 cm
(선분 ㅌㅋ)=(선분 ㅎㄱ)=2 cm
(선분 ㅋㅊ)=(선분 ㄱㄴ)=4 cm
⇨ (선분 ㅍㅊ)
=(선분 ㅍㅌ)+(선분 ㅌㅋ)+(선분 ㅋㅊ)
=4+2+4=10(cm)

유제 **10** 밑면의 모양이 정오각형이므로
(선분 ㄱㄴ)=3×3=9(cm)이고
(선분 ㄱㄹ)=63÷9=7(cm)입니다.
전개도의 둘레에는 길이가 3 cm인 선분이 12개, 길이가 7 cm인 선분이 6개 있으므로
(전개도의 둘레)
=3×12+7×6=36+42=78(cm)입니다.

유제 **11** 전개도를 접어 만들어지는 오각기둥은 오른쪽과 같습니다.
(한 밑면의 둘레)
=7+4+5+4+7=27(cm),
(높이)=8 cm이므로
(모든 모서리의 길이의 합)
=27×2+8×5=54+40=94(cm)입니다.

유제 **12** 전개도를 접어 만들어지는 사각기둥은 오른쪽과 같습니다.
(한 밑면의 둘레)
=3+4+6+5=18(cm),

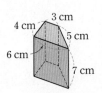

(높이)=7 cm이므로
(모든 모서리의 길이의 합)
=18×2+7×4=36+28=64(cm)입니다.

유제 **13** 사각기둥의 모서리와 길이가 같은 부분을 알아보
면 길이가 10 cm인 부분은 2군데, 길이가 5 cm인
부분은 2군데, 길이가 7 cm인 부분은 4군데입니다.
매듭의 길이는 20 cm이므로 필요한 끈의 길이는 적
어도 10×2+5×2+7×4+20=78(cm)입니다.

유제 **14** 오른쪽 그림과 같이 보이
지 않는 부분을 생각하며 사
각기둥의 모서리와 길이가 같
은 부분을 알아봅니다.

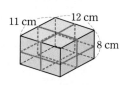

• 길이가 12 cm인 부분: 4군데
• 길이가 11 cm인 부분: 4군데
• 길이가 8 cm인 부분: 4군데
따라서 필요한 끈의 길이는 적어도
12×4+11×4+8×4=124(cm)입니다.

유제 **15** 각기둥의 전개도에 꼭짓점을 모두 표시한 후, 선
분 ㄴㅁ, 선분 ㄹㅁ, 선분 ㅁㅅ을 찾아 잇습니다.

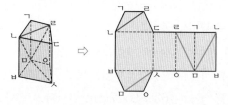

유제 **16** 왼쪽 각기둥에 꼭짓점을 써넣고 오른쪽 각기둥의
전개도에 꼭짓점을 표시한 후, 선분을 찾아 그으면 그
림과 같습니다. → 어떻게 꼭짓점을 써넣어도 그은 선의 위치는
같습니다.

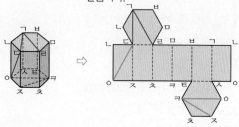

유제 **17** 오각기둥의 모서리는 5×3=15(개)이고, 삼각
뿔 모양만큼 한 번 자르면 모서리의 수는 3개가 늘어
납니다.
따라서 이 입체도형의 모서리의 수는
15+3×2=21(개)입니다.

유제 **18** 육각기둥의 면의 수는 6+2=8(개), 모서리의
수는 6×3=18(개), 꼭짓점의 수는 6×2=12(개)
입니다.
삼각뿔 모양만큼 한 번 자르면 면의 수는 1개, 모서
리의 수는 3개, 꼭짓점의 수는 2개가 늘어납니다.
따라서 이 입체도형의 면의 수는 8+1=9(개),
모서리의 수는 18+3=21(개), 꼭짓점의 수는
12+2=14(개)입니다.

STEP **2** 고수 실전문제

38~40쪽

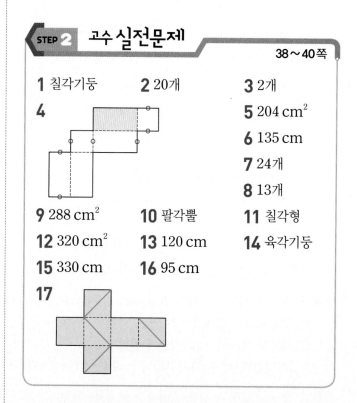

1 칠각기둥   **2** 20개   **3** 2개
4
5 204 cm²
6 135 cm
7 24개
8 13개
9 288 cm²   **10** 팔각뿔   **11** 칠각형
12 320 cm²   **13** 120 cm   **14** 육각기둥
15 330 cm   **16** 95 cm
17

1 각기둥의 옆면은 직사각형이므로 꼭짓점의 수가 4개입
니다.
꼭짓점의 수가 4+3=7(개)인 다각형은 칠각형이므
로 밑면의 모양이 칠각형인 각기둥은 칠각기둥입니다.

2 밑면이 육각형이므로 육각기둥의 전개도입니다.
(면의 수)=6+2=8(개)
(꼭짓점의 수)=6×2=12(개)
⇨ (면의 수와 꼭짓점의 수의 합)=8+12=20(개)

3 팔각뿔은 한 밑면의 변의 수가 8개이므로
(면의 수)=8+1=9(개),
(꼭짓점의 수)=8+1=9(개),
(모서리의 수)=8×2=16(개)입니다.

⇨ (면의 수)+(꼭짓점의 수)-(모서리의 수)
　＝9+9-16=2(개)

5 (한 밑면의 넓이)=(4+7)×4÷2=22(cm²)
(옆면의 넓이)=(한 밑면의 둘레)×(높이)
　　　　　　＝(4+4+7+5)×8=160(cm²)
⇨ (색칠해야 할 넓이)
　＝(한 밑면의 넓이)×2+(옆면의 넓이)
　＝22×2+160=204(cm²)

> **참고**
> 색칠해야 할 넓이는 전개도의 넓이와 같습니다.

6 밑면이 정오각형인 각기둥이므로 오각기둥입니다.
오각기둥에서 길이가 8 cm인 모서리는 10개, 길이가 11 cm인 모서리는 5개이므로 모든 모서리의 길이의 합은 8×10+11×5=80+55=135(cm)입니다.

7 색칠한 면을 따라 자르면 삼각기둥 1개와 오각기둥 1개가 만들어집니다.
(두 입체도형의 모서리의 수의 합)
＝(삼각기둥의 모서리의 수)+(오각기둥의 모서리의 수)
＝3×3+5×3=24(개)

8 각뿔의 밑면의 변의 수를 ▲개라 하면 면의 수는 (▲+1)개, 모서리의 수는 (▲×2)개입니다.
⇨ ▲+1+▲×2=37, ▲×3+1=37, ▲=12
따라서 각뿔의 꼭짓점의 수는 12+1=13(개)입니다.

9
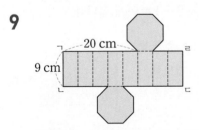
(선분 ㄱㄹ)=20÷5×8=32(cm)
(선분 ㄱㄴ)=9 cm
⇨ (옆면의 넓이의 합)=(직사각형 ㄱㄴㄷㄹ의 넓이)
　　　　　　　　　　＝32×9=288(cm²)

10 밑면이 다각형이고 옆면이 삼각형이므로 각뿔입니다.
각뿔의 밑면의 변의 수를 ▧개라고 하면 꼭짓점의 수는 (▧+1)개, 모서리의 수는 (▧×2)개입니다.
⇨ ▧+1+▧×2=25, ▧×3+1=25, ▧=8
따라서 밑면의 변의 수가 8개인 각뿔은 팔각뿔입니다.

11 각기둥의 한 밑면의 변의 수를 ●개라 하면 ●각기둥의 면의 수는 (●+2)개, ●각뿔의 꼭짓점의 수는 (●+1)개입니다.
⇨ ●+2+●+1=17, ●×2+3=17, ●×2=14, ●=7
따라서 각기둥의 한 밑면의 변의 수가 7개이므로 밑면의 모양은 칠각형입니다.

12 (면 ㉠의 가로)=84÷7=12(cm)
(면 ㉡의 가로)=28÷7=4(cm)
사각기둥의 전개도에는 합동인 면이 3쌍 있으므로
(전개도의 넓이)=84×2+28×2+(12×4)×2
　　　　　　　＝320(cm²)입니다.

13 밑면의 변의 수를 ▲개라 하면 7×▲=42, ▲=6이므로 밑면이 정육각형인 육각뿔입니다.
이 육각뿔에는 길이가 7 cm인 모서리가 6개, 길이가 13 cm인 모서리가 6개 있으므로
(모든 모서리의 길이의 합)
＝7×6+13×6=120(cm)입니다.

14 각기둥의 한 밑면의 변의 수는 옆면의 수와 같으므로 ㉠=㉡입니다.
㉠×3+㉡×6=㉠×3+㉠×6=54, ㉠×9=54, ㉠=6이므로 각기둥의 이름은 육각기둥입니다.

15 보이지 않는 부분을 생각하며 상자의 모서리와 길이가 같은 부분을 알아봅니다.
・길이가 30 cm인 부분: 4군데
・길이가 15 cm인 부분: 6군데
・길이가 20 cm인 부분: 6군데
따라서 필요한 테이프의 길이는 적어도
30×4+15×6+20×6=330(cm)입니다.

16 전개도를 접어 만들어지는 오각기둥은 오른쪽과 같습니다.
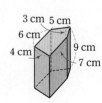
(한 밑면의 둘레)
＝6+4+7+3+5=25(cm)
(높이)=9 cm
⇨ (모든 모서리의 길이의 합)
　＝25×2+9×5=95(cm)

17 사각기둥의 전개도에 꼭짓점을 표시한 후, 선분을 찾아 그으면 그림과 같습니다.

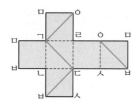

STEP 3 고수 최고문제

41~43쪽

1 20개

2 십각뿔

3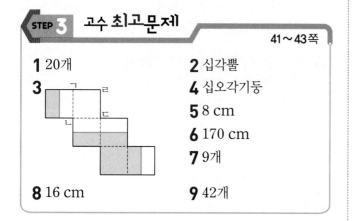

4 십오각기둥

5 8 cm

6 170 cm

7 9개

8 16 cm

9 42개

1 오각기둥의 밑면 위에 오각뿔을 꼭 맞게 붙인 입체도형은 오른쪽 그림과 같으므로 이 입체도형의 모서리의 수는 5×4=20(개)입니다.

다른 풀이
(새로운 입체도형의 모서리의 수)
=(오각기둥의 모서리의 수)+(오각뿔의 모서리의 수)
  -(한 밑면의 변의 수)
=5×3+5×2-5=15+10-5=20(개)

2 밑면의 변의 수를 ■개라 하면 모서리의 수는 (■×2)개이므로 4×(■×2)=80, ■=10입니다.
따라서 밑면의 모양이 십각형이므로 십각뿔입니다.

3 사각기둥 모양의 물통에 꼭짓점을 써넣고, 사각기둥의 전개도에 꼭짓점을 표시한 후, 물이 닿은 부분을 찾아 색칠하면 그림과 같습니다.

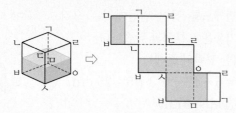

4 한 바퀴는 360°이므로 360°÷24°=15에서 삼각기둥 15개를 이어 붙이면 입체도형이 됩니다. 이 입체도형의 옆면은 15개이므로 밑면이 십오각형인 십오각기둥이 만들어집니다.

5 먼저 밑면에 쓰일 정사각형 2개를 잘라냅니다.

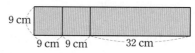

사각기둥의 옆면은 4개이므로 남은 종이를 4등분합니다.

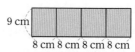

따라서 만든 사각기둥의 높이는 8 cm입니다.

6 묶은 것을 위에서 보면 오른쪽 그림과 같이 정삼각형이 6개이므로 (선분 ㄱㄹ)=(선분 ㄴㅁ) =(선분 ㄷㅂ)=5×2=10(cm) 입니다.
따라서 사용한 끈은 10 cm 길이가 6번, 15 cm 길이가 6번, 매듭이 20 cm이므로 적어도 10×6+15×6+20=170(cm)입니다.

7 ■각뿔을 밑면과 평행하게 자른 후 ■각뿔 모양을 제외하고 남은 입체도형의 면, 모서리, 꼭짓점의 수는 ■각기둥의 면, 모서리, 꼭짓점의 수와 같습니다.
처음 각뿔의 밑면의 변의 수를 ■개라 하면 남은 입체도형의 면의 수는 (■+2)개, 모서리의 수는 (■×3)개입니다.
⇨ ■+2+■×3=34, ■×4+2=34, ■=8
따라서 처음 각뿔은 밑면의 변의 수가 8개인 팔각뿔이고, 꼭짓점의 수는 8+1=9(개)입니다.

8 가장 짧게 그은 선은 오른쪽과 같이 옆면의 전개도에서 점 ㄱ과 점 ㅂ을 직선으로 이은 선분입니다.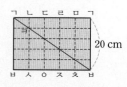

선분 ㅋㅅ의 길이는 선분 ㄱㅂ의 길이의 $\frac{4}{5}$이므로

$\overset{4}{\underset{1}{20}} \times \frac{4}{5} = 16$(cm)입니다.

9 육각기둥의 꼭짓점의 수는 6×2=12(개)이고, 구멍이 1개 뚫릴 때마다 꼭짓점의 수는 5×2=10(개)씩 늘어납니다.
따라서 태희가 발견한 주상절리의 꼭짓점의 수는 12+10×3=42(개)입니다.

1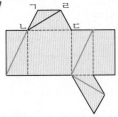

2 5개

3 육각기둥 / 8, 18, 12

4 12개

5 ㉡ / 예 각기둥의 밑면과 옆면은 서로 수직으로 만납니다.

6 팔각형

7 점 ㅈ, 점 ㅁ / 점 ㅂ

8 7 cm

9 54 cm

10 2 cm

11 156 cm

12 16개

13 72 cm²

14 150 cm

15 십각뿔

16 152 cm

17

18 28개

19 풀이 ❶ 밑면의 모양이 사각형인 경우: 사각기둥 이므로 꼭짓점의 수는 4×2=8(개)입니다. ❷ 밑 면의 모양이 사각형이 아닌 다각형인 경우: 옆면에 만 직사각형이 6개 있어야 하므로 육각기둥이고, 꼭짓점의 수는 6×2=12(개)입니다.

답 8개, 12개

20 풀이 ❶ (선분 ㄱㄹ)=2+2+4+3+3=14(cm)
❷ (옆면의 넓이의 합)=(직사각형 ㄱㄴㄷㄹ의 넓이)
=14×8=112(cm²)

답 112 cm²

21 풀이 ❶ 삼각뿔 ㉮의 꼭짓점의 수만큼 삼각뿔 모양 으로 자를 수 있고, 삼각뿔 모양만큼 한 번 자를 때 마다 모서리의 수는 3개씩 늘어납니다.
❷ 따라서 (㉯의 모서리의 수)
=(㉮의 모서리의 수)
+(㉮의 꼭짓점의 수)×3입니다.

답 (㉯의 모서리의 수)
=(㉮의 모서리의 수)+(㉮의 꼭짓점의 수)×3

22 풀이 ❶ 상자의 모서리와 길이가 같은 부분을 알아 보면 길이가 10 cm인 부분은 2군데, 길이가 20 cm인 부분은 6군데, 길이가 25 cm인 부분은 4군데이므로 필요한 테이프의 길이는 적어도

10×2+20×6+25×4=240(cm)입니다.
❷ 따라서 필요한 테이프의 넓이는 적어도
240×2=480(cm²)입니다. 답 480 cm²

23 이유 ❶ 모든 모서리의 길이가 같은 육각뿔의 밑면 의 모양은 정육각형이어야 합니다.
❷ 정육각형을 오른쪽과 같이 나누어 보면 정삼각형 6개가 되므로 각뿔의 꼭짓점을 만들 수 없습니다. 따라서 모든 모서리의 길이가 같은 육각뿔은 없습니다.

1 보이지 않는 모서리를 점선으로 그립니다.

2 각기둥에서 밑면에 수직인 면은 옆면입니다. 오각기둥의 옆면은 5개이므로 밑면에 수직인 면은 모 두 5개입니다.

3 밑면의 모양이 육각형인 각기둥은 육각기둥입니다.
(육각기둥의 면의 수)
=(한 밑면의 변의 수)+2=6+2=8(개)
(육각기둥의 모서리의 수)
=(한 밑면의 변의 수)×3=6×3=18(개)
(육각기둥의 꼭짓점의 수)
=(한 밑면의 변의 수)×2=6×2=12(개)

4 각뿔에서 (꼭짓점의 수)=(밑면의 변의 수)+1입니다.
(밑면의 변의 수)+1=7, (밑면의 변의 수)=6이므로 육각뿔입니다.
➡ (육각뿔의 모서리의 수)=6×2=12(개)

6 옆면의 수가 8개이므로 이 각기둥의 한 밑면의 변의 수는 8개입니다. 따라서 밑면의 모양은 팔각형입니다.

7 전개도를 접으면 오른쪽 그림과 같습니다.

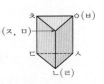

8 팔각기둥의 모서리의 수는 8×3=24(개)이므로 한 모서리의 길이는 168÷24=7(cm)입니다.

9 높이가 8 cm이고 옆면이 6개이므로 밑면은 한 변의 길이가 9 cm인 정육각형입니다.
➡ (한 밑면의 둘레)=9×6=54(cm)

10 전개도를 접어 만들어지는 입체도형은 밑면이 정오각형 인 오각기둥입니다.

(오각기둥의 모든 모서리의 길이의 합)
＝(한 밑면의 둘레)×2＋(높이)×5이므로
밑면의 한 변의 길이를 ■ cm라 하면
45＝■×5×2＋5×5, ■×10＝20, ■＝2입니다.

11 밑면의 변의 수를 ▲개라 하면 ▲＋1＝13, ▲＝12
이므로 십이각뿔입니다. 길이가 4 cm인 모서리와 길
이가 9 cm인 모서리가 각각 12개씩 있으므로
(모든 모서리의 길이의 합)
＝4×12＋9×12＝156(cm)입니다.

12 색칠한 면을 따라 자르면 사각기둥 2개가 만들어집
니다.
⇨ (꼭짓점의 수의 합)
　＝(사각기둥의 꼭짓점의 수)×2
　＝4×2×2＝16(개)

13 (선분 ㄷㅁ)＝24×2÷8＝6(cm)이므로
(선분 ㄴㅂ)＝10＋6＋8＝24(cm)입니다.
⇨ (옆면의 넓이의 합)＝(직사각형 ㄱㄴㅂㅅ의 넓이)
　　　　　　　　　　＝24×3＝72(cm²)

14 밑면인 정육각형의 한 변의 길이는 18÷3＝6(cm)
이므로
(한 밑면의 둘레)＝6×6＝36(cm),
(높이)＝13 cm입니다.
⇨ (모든 모서리의 길이의 합)
　　＝36×2＋13×6＝150(cm)

15 각뿔의 밑면의 변의 수를 ▲개라 하면 면, 모서리, 꼭
짓점의 수의 합은 ▲＋1＋▲×2＋▲＋1＝42,
▲×4＋2＝42, ▲＝10입니다.
따라서 밑면의 변의 수가 10개인 각뿔은 십각뿔입니다.

16 한 밑면의 둘레를 ■ cm라 하면 높이는 13 cm이므
로 ■×13×7＝2184, ■＝24입니다.
⇨ (모든 모서리의 길이의 합)
　　＝(한 밑면의 둘레)×2
　　　＋(높이)×(한 밑면의 변의 수)
　　＝24×2＋13×8＝152(cm)

17 사각기둥에 꼭짓점을 써넣
고, 사각기둥의 전개도에
꼭짓점을 표시한 후 선분
을 찾아 그으면 오른쪽 그
림과 같습니다.

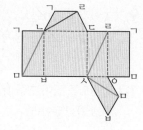

18 각기둥 ㉮와 ㉯의 한 밑면의 변의 수를 각각 ■개, ▲개
라 하면 꼭짓점의 수의 합은 48개이므로
■×2＋▲×2＝48, ■＋▲＝24입니다.
따라서 각기둥 ㉮와 ㉯의 면의 수의 합은
■＋2＋▲＋2＝24＋4＝28(개)입니다.

19 [평가상의 유의점] 사각기둥과 육각기둥이 될 수 있음을
알고 각각의 꼭짓점의 수를 구했는지 확인합니다.

단계	채점 기준	점수
❶	사각기둥이 될 수 있음을 알고 꼭짓점의 수 구하기	2점
❷	육각기둥이 될 수 있음을 알고 꼭짓점의 수 구하기	3점

20 [평가상의 유의점] 선분 ㄱㄹ의 길이를 구하여 옆면의 넓
이의 합을 구했는지 확인합니다.

단계	채점 기준	점수
❶	선분 ㄱㄹ의 길이 구하기	2점
❷	옆면의 넓이의 합 구하기	3점

21 [평가상의 유의점] 삼각뿔 모양만큼 한 번 자를 때마다 늘
어나는 모서리의 수를 구한 다음 ㉮와 ㉯의 모서리의
수의 관계를 바르게 식으로 나타냈는지 확인합니다.

단계	채점 기준	점수
❶	삼각뿔 모양만큼 한 번 자를 때마다 늘어나는 모서리의 수 구하기	2점
❷	㉮와 ㉯의 모서리의 수의 관계를 식으로 나타내기	3점

22 [평가상의 유의점] 필요한 테이프의 길이를 구하여 넓이
를 구했는지 확인합니다.

단계	채점 기준	점수
❶	필요한 테이프의 길이 구하기	3점
❷	필요한 테이프의 넓이 구하기	2점

23 [평가상의 유의점] 모든 모서리의 길이가 같은 육각형의
밑면의 모양을 알아보고 밑면의 모양을 이용해 주어
진 입체도형이 없는 이유를 바르게 설명했는지 확인
합니다.

단계	채점 기준	점수
❶	육각뿔의 밑면의 모양 알아보기	3점
❷	모든 모서리의 길이가 같은 육각뿔이 없는 이유 쓰기	2점

③ 소수의 나눗셈

1 132 / 13.2 / 1.32

2 (1) 12 / 1.2 / 0.12   (2) 4.2 / 0.42 / 0.042

3
$$6\overline{\smash{)}7.92} \quad \begin{array}{r} 1.32 \\ \hline 6 \\ \hline 19 \\ 18 \\ \hline 12 \\ 12 \\ \hline 0 \end{array}$$

4 >

5 3.14 cm

6 0.67 kg

7 3.25

8 ㉡

9 3.08

10 ㉢

11 4개

12 예 60, 6, 10 / 9□9□2

---

1 나누는 수가 같고 나누어지는 수가 자연수의 $\frac{1}{10}$배, $\frac{1}{100}$배일 경우에는 몫도 $\frac{1}{10}$배, $\frac{1}{100}$배가 됩니다.

2 나누어지는 수와 나누는 수의 관계를 살펴봅니다.

3 소수점의 위치가 잘못되었습니다.

4 나누어지는 수가 같을 때 나누는 수가 클수록 몫은 작아집니다.

$4.32÷6=0.72 \;\bigcirc\!\!>\; 4.32÷12=0.36$

5 $25.12÷8=\dfrac{2512}{100}÷8=\dfrac{2512÷8}{100}=\dfrac{314}{100}=3.14$

따라서 세로는 3.14 cm입니다.

6 $3.35÷5=\dfrac{335}{100}÷5=\dfrac{335÷5}{100}=\dfrac{67}{100}=0.67$

따라서 과학책 1권의 무게는 0.67 kg입니다.

7 ㉠은 수직선을 6등분 한 것 중 하나이므로 ㉠에 알맞은 소수는 19.5÷6의 몫과 같습니다.

⇨ $19.5÷6=\dfrac{1950}{100}÷6$

$=\dfrac{1950÷6}{100}=\dfrac{325}{100}=3.25$

8 502.4÷4를 502÷4로 어림하면 약 125입니다. 따라서 502.4÷4의 몫은 125.5보다 약간 크므로 알맞은 식은 ㉡입니다.

9 □=15.4÷5=3.08

10 ㉠ 21÷6=3.5   ㉡ 54÷15=3.6
㉢ 21÷4=5.25   ㉣ 51÷15=3.4
따라서 몫이 가장 큰 나눗셈식은 ㉢입니다.

> **참고**
>
> 나눗셈에서 나누어지는 수가 같으면 나누는 수가 클수록 몫이 작아지고, 나누는 수가 같으면 나누어지는 수가 클수록 몫이 커집니다.

---

11 $71÷20=\dfrac{71}{20}=\dfrac{355}{100}=3.55$

$30÷4=\dfrac{30}{4}=\dfrac{750}{100}=7.5$

3.55<□<7.5이므로 □ 안에 들어갈 수 있는 자연수는 4, 5, 6, 7로 모두 4개입니다.

---

① 대표문제 2.5
　1단계 22.5   2단계 22.5, 7.5   3단계 2.5
유제 **1** 5.1   　　　　유제 **2** 0.45

② 대표문제 0.26
　1단계 작고, 커야에 각각 ○표   2단계 2, 4, 9
　3단계 0.26
유제 **3** 3.18   　　　　유제 **4** 1.625

③ 대표문제 3.65 m
　1단계 25   2단계 25, 24   3단계 24, 3.65
유제 **5** 4.68 m   　　　유제 **6** 3.57 m

④ 대표문제 39.15 g
　1단계 52.2   2단계 52.2, 13.05
　3단계 13.05 / 39.15
유제 **7** 104.08 g   　　유제 **8** 100 g

5 대표문제 4, 2
1단계 1.2   **2단계** 2, 2, 4   **3단계** 4, 4, 2
유제 **9** 9, 12   유제 **10** 36, 9

유제 **1** 어떤 수를 □라 하면 □÷9=3.4,
□=3.4×9=30.6입니다.
따라서 바르게 계산하면 30.6÷6=5.1입니다.

유제 **2** 어떤 수를 □라 하면 □×4=57.6,
□=57.6÷4=14.4입니다.
따라서 바르게 계산하면 14.4÷4=3.6이고, 바르게
계산한 몫을 8로 나눈 몫은 3.6÷8=0.45입니다.

유제 **3** 몫이 가장 크려면 나누어지는 수인 소수 두 자리
수는 가장 크고, 나누는 수인 자연수는 가장 작아야
합니다.
⇨ 9.54÷3=3.18

> **참고**
>
> 몫이 가장 큰 나눗셈식은 (가장 큰 수)÷(가장 작은 수)이고,
> 몫이 가장 작은 나눗셈식은 (가장 작은 수)÷(가장 큰 수)입
> 니다.

유제 **4** 몫이 가장 작으려면 나누어지는 수인 두 자리 자
연수는 가장 작고, 나누는 수인 한 자리 자연수는 가
장 커야 합니다.
⇨ 13÷8=1.625

유제 **5** 도로 한쪽에 심은 나무는 44÷2=22(그루)이므로
(나무 사이의 간격의 수)=22−1=21(군데)입니다.
⇨ (나무 사이의 간격)=98.28÷21=4.68(m)

유제 **6** 원 모양의 호수 둘레에 물체를 설치하였으므로
(간격의 수)=(물체의 수)입니다.
가로등 사이의 간격은 214.2÷15=14.28(m)이고,
의자 사이의 간격은 214.2÷20=10.71(m)입니다.
⇨ (가로등 사이의 간격과 의자 사이의 간격의 차)
=14.28−10.71=3.57(m)

유제 **7** (떡 5개의 무게)=(줄어든 상자의 무게)
=466.32−206.12=260.2(g)
(떡 1개의 무게)=260.2÷5=52.04(g)입니다.
⇨ (떡 2개의 무게)=52.04×2=104.08(g)

유제 **8** (연필 4자루의 무게)=(줄어든 필통의 무게)
=160.6−140.4=20.2(g)
(연필 1자루의 무게)=20.2÷4=5.05(g)
(연필 12자루의 무게)=5.05×12=60.6(g)
⇨ (필통만의 무게)=160.6−60.6=100(g)

유제 **9** $10.8÷3=3.6$
$×3 \downarrow \quad ×\frac{1}{3} \downarrow$ ⇨ ㉠=3×3=9
$10.8÷㉠=1.2$

$10.8÷3=3.6$
$×4 \downarrow \quad ×\frac{1}{4} \downarrow$ ⇨ ㉡=3×4=12
$10.8÷㉡=0.9$

유제 **10** $18÷12=1.5$
$×3 \downarrow \quad ×\frac{1}{3} \downarrow$ ⇨ ㉠=12×3=36
$18÷㉠=0.5$

$18÷12=1.5$
$×\frac{1}{2} \downarrow \quad ×\frac{1}{2} \downarrow$ ⇨ ㉡=18×$\frac{1}{2}$=9
$㉡÷12=0.75$

> **참고**
>
> 나눗셈에서 나누어지는 수가 같을 때 몫이 $\frac{1}{■}$배가 되면
> 나누는 수는 ■배가 되고, 나누는 수가 같을 때 몫이 $\frac{1}{■}$배
> 가 되면 나누어지는 수도 $\frac{1}{■}$배가 됩니다.

STEP 2 고수 실전문제

59~61쪽

1 (위에서부터) 0.24, 2.4
2 ⑴ 2 / 0.25 / 2.25   ⑵ 0.3 / 0.02 / 0.32
3 6, 7   **4** 0.46   **5** 2.225
6 1.44   **7** 0.45 kg   **8** 0.64 kg
9 0.52   **10** 2.44   **11** 9.72 cm
12 7.05 cm   **13** 14000원   **14** 13040원
15 3.75분   **16** 10.24 cm²   **17** 0.3
18 0.12

1 20=2×10이므로 4.8을 20으로 나눈 몫은 4.8을 2로 나눈 후 다시 10으로 나눈 몫과 같습니다.
$4.8÷20=0.24$, $4.8÷2=2.4$, $2.4÷10=0.24$

2 참고
중등 개념과 연계하여 나눗셈에서 분배법칙이 성립함을 경험해 보는 문제입니다.

3 $45.72÷9=5.08$, $77.22÷11=7.02$이므로
$5.08<□<7.02$입니다.
따라서 □ 안에 들어갈 수 있는 자연수는 6, 7입니다.

4 어떤 수를 □라 하면 □×3=11.04,
□=11.04÷3=3.68입니다.
따라서 3.68을 8로 나눈 몫은 $3.68÷8=0.46$입니다.

5 $5▲8=5÷8+8÷5$
$=0.625+1.6=2.225$

6 ㉠×5×5=36이므로
㉠=36÷5÷5=7.2÷5=1.44입니다.

7 (멜론의 무게)×4=(수박의 무게)에서
(멜론의 무게)=5.4÷4=1.35(kg)이고,
(배의 무게)×3=(멜론의 무게)에서
(배의 무게)=1.35÷3=0.45(kg)입니다.

8 밥을 하는 데 사용한 쌀은 $10-6.8=3.2$(kg)이고
밥을 한 날수는 $7-2=5$(일)입니다.
따라서 하루에 사용한 쌀의 양은
$3.2÷5=0.64$(kg)입니다.

9 ■×8=49.92에서 ■=49.92÷8=6.24입니다.
■÷3=4×▲에서 6.24÷3=4×▲,
2.08=4×▲, ▲=2.08÷4=0.52입니다.

10 $21.35÷7=3.05$이므로 ㉠÷4=3.05입니다.
따라서 ㉠÷4=3.05에서 ㉠=3.05×4=12.2이므로
㉠÷5=12.2÷5=2.44입니다.

11 (직사각형 ㄱㄴㄷㄹ의 넓이)
$=16.2×8=129.6$(cm²)
선분 ㄴㅁ의 길이를 □cm라 하면
□×8÷2=129.6×0.3, □×4=38.88,
□=38.88÷4=9.72입니다.
따라서 선분 ㄴㅁ의 길이는 9.72 cm입니다.

12 (철사의 길이)=(직사각형의 둘레)
$=(6+8.1)×2=28.2$(cm)
⇨ (정사각형의 한 변)=28.2÷4=7.05(cm)

13 피자의 넓이는 $22.5×31=697.5$(cm²)이므로 팔 수 있는 조각 수는 $697.5÷90=7.75$에서 최대 7조각입니다.
따라서 피자를 팔아서 벌 수 있는 돈은 최대
$2000×7=14000$(원)입니다.

14 (필요한 휘발유의 양)=97.8÷12=8.15(L)
⇨ (필요한 휘발유의 값)=1600×8.15=13040(원)

15 하루 동안 늦어지는 시간은 $5÷4=1.25$(분)이므로 3일 동안 늦어지는 시간은 $1.25×3=3.75$(분)입니다.

16 오른쪽 그림과 같이 정사각형 ㄱㄴㄷㄹ을 작은 삼각형으로 나누어 보면 색칠한 정사각형은 전체의 $\frac{1}{4}$임을 알 수 있습니다.

정사각형 ㄱㄴㄷㄹ의 한 변은 $25.6÷4=6.4$(cm)이므로 넓이는 $6.4×6.4=40.96$(cm²)입니다.
따라서 색칠한 정사각형의 넓이는 정사각형 ㄱㄴㄷㄹ의 넓이의 $\frac{1}{4}$이므로 $40.96÷4=10.24$(cm²)입니다.

17 $15÷9=1.66……$이므로 소수 첫째 자리에서 나누어떨어질 때 가장 작은 몫은 1.7입니다.
$1.7×9=15.3$이므로 나누어지는 수에 더해야 하는 가장 작은 수는 $15.3-15=0.3$입니다.

다른 풀이 15÷9의 몫을 소수 첫째 자리까지 구해 봅니다.

$$\begin{array}{r} 1.6 \\ 9\overline{)15} \\ \underline{9} \\ 6\,0 \\ \underline{5\,4} \\ 6 \end{array}$$

나머지 0.6에 0.3을 더하여 0.9가 되면 나누어떨어지므로 나누어지는 수에 더해야 하는 가장 작은 수는 0.3입니다.

18 소수점을 오른쪽으로 두 칸 옮기면 바르게 계산한 몫의 100배가 됩니다.
바르게 계산한 몫을 □라 하면 잘못 쓴 몫은
□×100이므로
□×100-□=11.88, □×99=11.88,
□=11.88÷99=0.12입니다.
따라서 바르게 계산한 몫은 0.12입니다.

1 68.3 km	**2** 5.2 m	**3** 3.05 cm
4 37.8 cm	**5** 1.69 cm^2	**6** 2.805 m

1 2시간 15분$=2\dfrac{15}{60}$시간$=2\dfrac{5}{20}$시간$=2\dfrac{25}{100}$시간
$\qquad\qquad =2.25$시간

(기차로 간 거리)$=120\times2.25=270$(km)이므로
(은수네 집에서 할아버지 댁까지의 거리)
$\quad=270+3.2=273.2$(km)입니다.
따라서 자동차는 한 시간 동안
$273.2\div4=68.3$(km)를 갔습니다.

2 짧은 도막의 길이를 □ m라 하면 긴 도막의 길이는
(□$\times6$) m이므로 □$+$□$\times6=18.2$,
□$\times7=18.2$, □$=18.2\div7=2.6$입니다.
따라서 긴 도막의 길이는 $2.6\times6=15.6$(m)이므로
한 명이 가지게 될 끈의 길이는 $15.6\div3=5.2$(m)입
니다.

3 이어 붙인 전체 도형의 가로는 $292\div5=58.4$(cm)
이므로 겹친 부분의 길이를 □ cm라 하면
$9.2\times9-$□$\times8=58.4$, $82.8-$□$\times8=58.4$,
□$\times8=24.4$, □$=24.4\div8=3.05$입니다.

4 이름표 1개의 세로를 □ cm라 하면 가
로는 (□$\times3$) cm이므로
□$\times8=25.2$, □$=25.2\div8=3.15$
입니다.
따라서 처음 도화지의 한 변은 $3.15\times3=9.45$(cm)
이므로 처음 도화지의 둘레는 $9.45\times4=37.8$(cm)
입니다.

5 처음 정사각형의 한 변을 □ cm라 하면
(처음 정사각형의 넓이)$=$(□$\times$□) cm^2,
(새로 만든 직사각형의 넓이)
$=$(□$\times1.6$)$\times$(□$\times5$)$=$(□$\times$□$\times8$) cm^{2}입니다.
$\Rightarrow$ □$\times$□$\times8-$□$\times$□$=11.83$,
　　□$\times$□$\times7=11.83$,
　　□$\times$□$=11.83\div7=1.69$
따라서 처음 정사각형의 넓이는 1.69 cm^{2}입니다.

6 집 전체의 가로는 $5+2=7$(m)이므로 세로는
$60.48\div7=8.64$(m)입니다.
방 1의 세로는 $8.64-(2.7+1.54+1)=3.4$(m)이
고, 넓이는 $3.3\times3.4=11.22$(m^2)입니다.
따라서 방 1과 넓이가 같은 직사각형의 가로를 □ m
라 하면 □$\times4=11.22$, □$=11.22\div4=2.805$입
니다.

1 $\dfrac{1}{100}$배	**2** ㉢
3 ㉠, ㉣	**4** ㉠, ㉡, ㉢
5 3.76	**6** 0.72 m^2
7 ㉡	**8** 2.3, 6.9
9 3.65	**10** 6.6 L
11 21.16 cm^2	**12** 5.9 m
13 화성, 18.8배	**14** 7.4 L
15 0.35 kg	**16** 20730원
17 1.666 m	

18 **풀이** ❶ $4.08\div8=0.51$ ❷ $6.6\div12=0.55$
❸ $0.51<$□<0.55이므로 □ 안에 들어갈 수 있는
소수 두 자리 수는 0.52, 0.53, 0.54로 모두 3개입
니다. **답** 3개

19 **풀이** ❶ 색칠한 부분은 정사각형 ㄱㄴㄷㄹ을 8등분
한 것 중 3칸입니다. ❷ 따라서 (색칠한 부분의 넓이)
$=112.4\div8\times3=14.05\times3=42.15$(cm^2)입니
다. **답** 42.15 cm^2

20 **풀이** ❶ 가장 큰 소수 두 자리 수를 12로 나눌 때
몫이 가장 크므로 만들 수 있는 가장 큰 소수 두 자
리 수는 6.54입니다. ❷ 따라서 나올 수 있는 몫 중
에서 가장 큰 몫은 $6.54\div12=0.545$입니다.
답 0.545

21 **풀이** ❶ 기차는 1초에
$1.5\div60=0.025$(km) $\Rightarrow$ 25 m를 갑니다.
❷ (기차가 다리를 완전히 건너가는 데 이동해야 하
는 거리)$=105+851.25=956.25$(m)

❸ 따라서 기차가 다리를 완전히 건너가는 데 걸리는 시간은 $956.25 \div 25 = 38.25$(초)입니다.

답 38.25초

22 풀이 ❶ 삼각형 ㄹㄴㅁ의 넓이가 $6.3\,\text{cm}^2$이므로 $3 \times (변 ㄹㅁ) \div 2 = 6.3$,
(변 ㄹㅁ)$=6.3 \times 2 \div 3 = 4.2$(cm)입니다.
❷ 직사각형 ㄹㅁㅂㅅ의 가로는 $4+4.5=8.5$(cm)이고 세로는 $4.2\,\text{cm}$이므로 넓이는
$8.5 \times 4.2 = 35.7(\text{cm}^2)$입니다. ❸ 따라서 삼각형 ㄱㄴㄷ의 넓이도 $35.7\,\text{cm}^2$이므로
$(3+4) \times (변 ㄱㄷ) \div 2 = 35.7$,
(변 ㄱㄷ)$=35.7 \times 2 \div 7 = 10.2$(cm)입니다.

답 10.2 cm

1 나누는 수가 7로 같고 나누어지는 수 4.83이 483의 $\frac{1}{100}$배이므로 $4.83 \div 7$의 몫은 $483 \div 7$의 몫의 $\frac{1}{100}$배가 됩니다.

참고
나눗셈에서 나누는 수가 같을 때 나누어지는 수가 $\frac{1}{\blacksquare}$배가 되면 몫도 $\frac{1}{\blacksquare}$배가 됩니다.

다른 풀이 $4.83 \div 7 = 0.69$, $483 \div 7 = 69$이므로 $4.83 \div 7$의 몫은 $483 \div 7$의 몫의 $\frac{1}{100}$배가 됩니다.

2 ㉡은 ㉠에서 나누어지는 수와 나누는 수의 소수점의 위치가 각각 오른쪽으로 한 칸씩 이동한 것이므로 ㉠과 ㉡의 몫은 같습니다.
따라서 계산한 값이 다른 하나는 ㉢입니다.
다른 풀이 ㉠ $15.63 \div 3 = 5.21$
㉡ $156.3 \div 30 = 5.21$
㉢ $1.563 \div 300 = 0.00521$
따라서 계산한 값이 다른 하나는 ㉢입니다.

3 ㉠ $18.24 \div 3 = 6.08$ ㉡ $21.84 \div 7 = 3.12$
㉢ $37.25 \div 5 = 7.45$ ㉣ $27.54 \div 9 = 3.06$
따라서 몫의 소수 첫째 자리가 0인 나눗셈은 ㉠, ㉣입니다.

4 ㉠ $31.86 \div 6 = 5.31$
㉡ $31.92 \div 8 = 3.99$

㉢ $30.24 \div 9 = 3.36$
따라서 몫이 큰 것부터 차례로 기호를 쓰면 ㉠, ㉡, ㉢입니다.

5 나눗셈에서 나누는 수가 같을 때 몫이 $\frac{1}{\blacksquare}$배가 되면 나누어지는 수도 $\frac{1}{\blacksquare}$배가 됩니다.
0.47은 47의 $\frac{1}{100}$배이므로 ㉠은 376의 $\frac{1}{100}$배인 3.76입니다.

6 색칠한 부분은 8등분 한 것 중 하나이므로 색칠한 부분의 넓이는 $5.76 \div 8 = 0.72(\text{m}^2)$입니다.

7 나눗셈에서 (나누어지는 수)<(나누는 수)이면 몫이 1보다 작습니다.
㉠ $14.3 > 11$ ㉡ $11.04 < 12$
㉢ $10.9 > 10$ ㉣ $19.8 > 9$
따라서 몫이 1보다 작은 나눗셈은 ㉡입니다.
다른 풀이 ㉠ $14.3 \div 11 = 1.3$
㉡ $11.04 \div 12 = 0.92$
㉢ $10.9 \div 10 = 1.09$
㉣ $19.8 \div 9 = 2.2$
따라서 몫이 1보다 작은 나눗셈은 ㉡입니다.

8 $48.3 \div 7 = 6.9$, $6.9 \div 3 = 2.3$

9 $27.9 ◎ 6 = (27.9-6) \div 6 = 21.9 \div 6 = 3.65$

10 매실 원액의 양을 $\square$ L라 하면
$\square \times 4 = 5.28$, $\square = 5.28 \div 4 = 1.32$입니다.
⇨ (매실 주스의 양)$=5.28+1.32=6.6$(L)

11 정사각형 모양 색종이의 넓이는
$9.2 \times 9.2 = 84.64(\text{cm}^2)$입니다.
⇨ (직사각형 모양 한 개의 넓이)
$=84.64 \div 4 = 21.16(\text{cm}^2)$

12 (평행사변형의 넓이)$=8.85 \times 6 = 53.1(\text{m}^2)$
직사각형의 세로를 $\square$ m라 하면 $9 \times \square = 53.1$,
$\square = 53.1 \div 9 = 5.9$입니다.
따라서 직사각형의 세로는 $5.9\,\text{m}$입니다.

13 지구의 반지름은 2이므로 지구의 반지름의 0.5배인
행성은 반지름이 $2×0.5=1$인 화성입니다.
화성의 지름은 $1×2=2$이고, 토성의 지름은
$18.8×2=37.6$이므로 토성의 지름은 화성의 지름의
$37.6÷2=18.8$(배)입니다.

14 작은 통에 담은 생수의 양을 $\square$ L라고 하면 큰 통에
담은 생수의 양은 ($\square×4$) L이므로
$\square+\square×4=9.25$, $\square×5=9.25$,
$\square=9.25÷5=1.85$입니다.
따라서 큰 통에 담은 생수의 양은
$1.85×4=7.4$(L)입니다.

15 (사과 8개가 들어 있는 사과 한 상자의 무게)
$=28.08÷9=3.12$(kg)이므로
(사과 8개의 무게)$=3.12-0.32=2.8$(kg)입니다.
⇨ (사과 한 개의 무게)$=2.8÷8=0.35$(kg)

16 (휘발유 1 L로 갈 수 있는 거리)
$=42÷3=14$(km)
193.48 km를 가는 데 필요한 휘발유의 양은
$193.48÷14=13.82$(L)입니다.
⇨ (필요한 휘발유의 값)$=1500×13.82$
$=20730$(원)

17 (직각삼각형 모양 벽의 넓이)
$=3.4×2.8÷2=4.76$(m²)이므로
(1 L의 페인트로 칠할 수 있는 벽의 넓이)
$=4.76÷4=1.19$(m²)입니다.
⇨ (7 L의 페인트로 칠할 수 있는 벽의 넓이)
$=1.19×7=8.33$(m²)
따라서 직사각형 모양 벽의 세로를 $\square$ m라 하면
$5×\square=8.33$, $\square=8.33÷5=1.666$입니다.

18 평가상의 유의점 (소수)÷(자연수)를 계산하여 $\square$ 안에
들어갈 수 있는 소수 두 자리 수의 개수를 구했는지
확인합니다.

단계	채점 기준	점수
❶	$4.08÷8$의 몫 구하기	2점
❷	$6.6÷12$의 몫 구하기	2점
❸	$\square$ 안에 들어갈 수 있는 소수 두 자리 수의 개수 구하기	1점

19 평가상의 유의점 소수의 나눗셈과 곱셈을 이용하여 색
칠한 부분의 넓이를 구했는지 확인합니다.

단계	채점 기준	점수
❶	색칠한 부분이 정사각형을 8등분 한 것 중 몇 칸 인지 알아보기	2점
❷	색칠한 부분의 넓이 구하기	3점

20 평가상의 유의점 나누어지는 수가 클수록 몫이 커지는
것을 이용하여 가장 큰 몫을 구했는지 확인합니다.

단계	채점 기준	점수
❶	수 카드로 만들 수 있는 가장 큰 소수 두 자리 수 구하기	3점
❷	나올 수 있는 가장 큰 몫 구하기	2점

21 평가상의 유의점 기차가 1초 동안 가는 거리를 알고 기
차가 다리를 완전히 건너가는 데 걸리는 시간을 구했
는지 확인합니다.

단계	채점 기준	점수
❶	기차가 1초 동안 가는 거리가 몇 m인지 구하기	1점
❷	기차가 다리를 완전히 건너가기 위해 이동해야 하는 거리 구하기	2점
❸	기차가 다리를 완전히 건너가는 데 걸리는 시간 구하기	2점

22 평가상의 유의점 변 ㄹㅁ의 길이와 직사각형 ㄹㅁㅂㅅ
의 넓이를 이용하여 변 ㄱㄷ의 길이를 구했는지 확인
합니다.

단계	채점 기준	점수
❶	변 ㄹㅁ의 길이 구하기	2점
❷	직사각형 ㄹㅁㅂㅅ의 넓이 구하기	1점
❸	변 ㄱㄷ의 길이 구하기	2점

4 비와 비율

1 ⓐ 남학생 수는 여학생 수보다 각각 3명, 6명, 9명, 12명 더 많습니다. /

ⓑ 남학생 수는 여학생 수의 2배입니다. /

ⓒ 남학생 수와 여학생 수의 관계가 뺄셈은 변하지만 나눗셈은 변하지 않습니다.

2 (1) 5, 9 (2) 8, 7 (3) 6, 3

3 ⓐ

4 75 : 50

5 틀립니다에 ◯표

ⓐ 4 : 7은 기준이 7이지만 7 : 4는 기준이 4이기 때문입니다.

6 $\dfrac{15}{27}\left(=\dfrac{5}{9}\right)$

7 ⓐ 두 삼각형의 밑변에 대한 높이의 비율은 같습니다.

8 ⓒ, ⓔ **9** 150

10 90 / 95 / ⓒ 지역 **11** 32 %

12 12.5 %

1
참고

두 양을 비교하는 방법에는 뺄셈을 이용하는 절대적 비교와 나눗셈을 이용하는 상대적 비교가 있습니다.

2 비를 나타낼 때 기호 :의 뒤에 나온 수가 기준이며, '~에 대한'은 기준을 의미합니다.

4 '~에 대한'은 기준을 의미하므로 가로 75는 비교하는 수이고, 세로 50은 기준이 되는 수입니다.
따라서 태극기의 세로에 대한 가로의 비는 75 : 50입니다.

6 (남은 귤)=27−12=15(개)
따라서 처음 귤의 수에 대한 남은 귤의 수의 비는 15 : 27이므로 비율은 $\dfrac{15}{27}\left(=\dfrac{5}{9}\right)$입니다.

7 (가 삼각형의 밑변에 대한 높이의 비율)=$\dfrac{6}{4}\left(=\dfrac{3}{2}\right)$

(나 삼각형의 밑변에 대한 높이의 비율)=$\dfrac{15}{10}\left(=\dfrac{3}{2}\right)$
따라서 두 삼각형의 밑변에 대한 높이의 비율은 같습니다.

8 비율로 나타내면 ⓒ $\dfrac{13}{20}$, ⓒ $\dfrac{11}{8}$, ⓒ $\dfrac{9}{15}$, ⓔ $\dfrac{16}{12}$입니다. 따라서 비율이 1보다 큰 것은 ⓒ, ⓔ입니다.

참고

(비율)=$\dfrac{(비교하는\ 양)}{(기준량)}$이므로 (비교하는 양)>(기준량)이면 비율이 1보다 큽니다.

9 걸린 시간에 대한 간 거리의 비율은 $\dfrac{3600}{24}$=150입니다.

10 (ⓐ 지역의 넓이에 대한 인구의 비율)=$\dfrac{6840}{76}$=90

(ⓑ 지역의 넓이에 대한 인구의 비율)=$\dfrac{5510}{58}$=95

⇨ ⓑ 지역이 ⓐ 지역보다 넓이에 대한 인구의 비율이 더 크므로 두 지역 중 인구가 더 밀집한 곳은 ⓑ 지역입니다.

11 마당 넓이에 대한 화단 넓이의 비율은 $\dfrac{8}{25}$이므로 백분율로 나타내면 $\dfrac{8}{25}$×100=32(%)입니다.

12 (소금물의 양)=140+20=160(g)이므로 소금물의 양에 대한 소금 양의 비율을 백분율로 나타내면 $\dfrac{20}{160}$×100=12.5(%)입니다.

참고

(소금물의 진하기)(%)=$\dfrac{(소금의\ 양)}{(소금물의\ 양)}$×100

---

1 대표문제 $\dfrac{2}{3}$

1단계 12 2단계 12, 2 / 3

유제 **1** $\dfrac{3}{7}$ 유제 **2** 0.6

2 대표문제 바지

1단계 1600 / 1600 **2단계** 3000, 4 **3단계** 바지

유제 **3** 과학책 유제 **4** 30 %

3 대표문제 36명

1단계 282 **2단계** 282, 318 **3단계** 36

유제 **5** 176명 유제 **6** 105명

4 대표문제 535000원

1단계 0.07 **2단계** 0.07, 35000

3단계 35000 / 535000

유제 **7** 648000원 유제 **8** 330750원

5 대표문제 26 %

1단계 90 **2단계** 500 / 130 **3단계** 130, 26

유제 **9** 20 % 유제 **10** 250 g

유제 **1** 긴 대각선의 길이를 ■ cm라 하면

■$\times 6\div 2=42$, ■$=14$이므로 마름모의 긴 대각선의 길이는 14 cm입니다.

따라서 마름모의 긴 대각선의 길이에 대한 짧은 대각선의 길이의 비율은 $\frac{6}{14}=\frac{3}{7}$입니다.

유제 **2** 변 ㄴㄷ의 길이를 ▲ cm라 하면

▲$\times 16\div 2=96$, ▲$=12$이므로 변 ㄴㄷ의 길이는 12 cm입니다.

따라서 가장 긴 변의 길이는 20 cm이고, 가장 짧은 변의 길이는 12 cm이므로 가장 긴 변의 길이에 대한 가장 짧은 변의 길이의 비율은 $\frac{12}{20}=0.6$입니다.

유제 **3** (위인전의 할인 금액)

$=24000-19200=4800$(원)

⇨ (위인전의 할인율)$=\frac{4800}{24000}=\frac{1}{5}$

(과학책의 할인 금액)

$=20000-17000=3000$(원)

⇨ (과학책의 할인율)$=\frac{3000}{20000}=\frac{3}{20}$

따라서 $\frac{1}{5}>\frac{3}{20}$이므로 과학책의 할인율이 더 낮습니다.

유제 **4** (어제 당근 1개의 값)$=4500\div 5=900$(원)

(오늘 당근 1개의 값)$=2520\div 4=630$(원)

⇨ 오늘은 어제보다 당근 1개의 값이

$900-630=270$(원) 떨어졌습니다.

따라서 당근 1개의 어제 가격에 대한 떨어진 가격의

비율은 $\frac{270}{900}$이므로 오늘은 어제보다 당근 1개의 값

이 $\frac{270}{900}\times 100=30(\%)$ 떨어졌습니다.

유제 **5** (여학생의 백분율)$=100-45=55(\%)$이므로

민우네 학교의 여학생은 $320\times\frac{55}{100}=176$(명)입니다.

> **참고**
>
> 전체의 백분율은 100 %입니다.

유제 **6** 민아의 말에서 전체 학생이 10 %는 25명이고

$100\div 10=10$이므로

(전체 학생 수)$=25\times 10=250$(명)입니다.

현태의 말에서 여학생은 전체 학생의 42 %이므로

(여학생 수)$=250\times\frac{42}{100}=105$(명)입니다.

유제 **7** (1년 동안의 이자율)$=\frac{1000}{25000}=0.04$

(60만 원을 예금할 때 2년 동안의 이자)

$=(600000\times 0.04)\times 2=48000$(원)

따라서 (2년 뒤 받는 원리금)

$=600000+48000=648000$(원)입니다.

유제 **8** (1년 동안의 이자율)$=\frac{2000}{40000}=0.05$

(1년 뒤 받는 원리금)

$=300000+300000\times 0.05=315000$(원)이므로

(2년 뒤 받는 원리금)

$=315000+315000\times 0.05=330750$(원)입니다.

유제 **9** 진하기가 15 %인 설탕물 800 g에 들어 있는 설

탕의 양은 $800\times\frac{15}{100}=120$(g)이고

진하기가 40 %인 설탕물 200 g에 들어 있는 설탕의

양은 $200\times\frac{40}{100}=80$(g)입니다.

(섞은 설탕물의 양)$=800+200=1000$(g)

(섞은 설탕의 양)$=120+80=200$(g)

⇨ (섞은 설탕물의 진하기)$=\frac{200}{1000}\times 100=20(\%)$

유제 **10** 진하기가 12 %인 소금물 500 g에 들어 있는 소금의 양은 $500 \times \frac{12}{100} = 60(g)$입니다.

넣은 물의 양을 $\square$ g이라 하면 $\frac{60}{500+\square} \times 100 = 8$, $6000 \div (500+\square) = 8$, $500+\square = 750$, $\square = 250$입니다.

> **주의**
> 소금의 양은 변하지 않습니다.

STEP **2** 고수 **실전문제**

79～81쪽

1 96 : 80	**2** 9 : 30	**3** $\frac{1}{2}$
4 10 : 25	**5** 25 % / 20 %	**6** 11 : 26
7 2개	**8** 576표	**9** $\frac{1}{6000}$
10 민호	**11** 90개	**12** 36개
13 276 cm²	**14** 32640원	**15** 960원
16 40	**17** 20 g	**18** 300원

1 (㉮의 넓이) $= 8 \times 20 \div 2 = 80(cm^2)$
(㉯의 넓이) $= 12 \times 8 = 96(cm^2)$
따라서 (㉯의 넓이) : (㉮의 넓이) $= 96 : 80$입니다.

2 (과학책 수) $= 11 - 2 = 9(권)$
(전체 책 수) $= 9 + 10 + 11 = 30(권)$
따라서 전체 책 수에 대한 과학책 수의 비는 9 : 30입니다.

3 (밑변의 길이) $= (20 - 4 \times 2) \div 2 = 6(cm)$
(높이) $= 18 \div 6 = 3(cm)$
따라서 밑변의 길이에 대한 높이의 비율은 $\frac{3}{6} = \frac{1}{2}$입니다.

4 비율을 기약분수로 나타내면 $0.4 = \frac{4}{10} = \frac{2}{5}$입니다.
$\frac{2}{5}$와 크기가 같은 분수 중에서 분모와 분자의 합이 35인 분수는 $35 \div 7 = 5$에서 $\frac{2 \times 5}{5 \times 5} = \frac{10}{25}$입니다.
따라서 조건을 모두 만족하는 비는 10 : 25입니다.

5 (모자의 할인 금액) $= 20000 - 15000 = 5000(원)$
⇨ (모자의 할인율) $= \frac{5000}{20000} \times 100 = 25(\%)$
(가방의 할인 금액) $= 36000 - 28800 = 7200(원)$
⇨ (가방의 할인율) $= \frac{7200}{36000} \times 100 = 20(\%)$

6 (경시대회에 참여하지 않은 학생 수)
$= 26 - 15 = 11(명)$
따라서 전체 학생 수에 대한 경시대회에 참여하지 않은 학생 수의 비는 11 : 26입니다.

7 (기준량) < (비교하는 양)이면 $\frac{(비교하는 양)}{(기준량)} > 1$입니다. 따라서 기준량이 비교하는 양보다 작은 경우는 $\frac{10}{9}$과 1.4로 모두 2개입니다.

8 (득표율) $= \frac{(득표 수)}{(전체 투표수)}$입니다.
따라서 ㉠ 후보의 득표 수는 $1200 \times \frac{48}{100} = 576(표)$입니다.

9 300 m = 30000 cm이므로
$\frac{(지도에서 거리)}{(실제 거리)} = \frac{5}{30000} = \frac{1}{6000}$입니다.

> **참고**
> 실제 거리에 대한 지도에서 거리의 비율을 '축척'이라고 합니다.

10 지아가 만든 방향제에서 베이킹소다의 양에 대한 아로마 오일의 양의 비율은 $\frac{30}{200}(= \frac{3}{20})$이고, 민호가 만든 방향제에서 베이킹소다의 양에 대한 아로마 오일의 양의 비율은 $\frac{50}{300}(= \frac{1}{6})$입니다.
따라서 $\frac{3}{20} < \frac{1}{6}$이므로 민호가 만든 방향제의 향이 더 진합니다.

11 (작년 불량률) $= \frac{70}{2000} = 0.035$
작년과 같은 불량률이라면 올해에
$2600 \times 0.035 = 91(개)$의 불량품이 나오므로 작년보다 불량률을 낮추려면 불량품은 90개 이하여야 합니다.

90, 89, 88, 87……은 91 미만인 자연수 또는 90 이하인 자연수로 표현할 수 있습니다.

12 (타율)$=\dfrac{(안타 수)}{(전체 타수)}$이므로 $\dfrac{(안타 수)}{150}=0.24$입니다.

따라서 이 야구 선수는 안타를 $150\times0.24=36$(개) 쳤습니다.

13 늘인 변의 길이는 $20+20\times\dfrac{30}{100}=26$(cm)입니다.

(처음 정사각형의 넓이)$=20\times20=400(\text{cm}^2)$

(늘인 정사각형의 넓이)$=26\times26=676(\text{cm}^2)$

따라서 늘인 정사각형의 넓이는 처음 정사각형의 넓이보다 $676-400=276(\text{cm}^2)$ 늘어납니다.

주의

길이를 ■ %로 하는 것과 길이를 ■ %만큼 늘이는 것은 다른 것임에 주의합니다.

⑩ • 길이가 10 cm인 변을 30 %로 하기
  ⇨ $10\times0.3=3$(cm)
 • 길이가 10 cm인 변을 30 %만큼 늘이기
  ⇨ $10+10\times0.3=13$(cm)

14 (이자율)$=\dfrac{2400}{60000}=0.04$

(1년 뒤 받는 원리금)$=400000+400000\times0.04$
$\qquad\qquad\qquad\qquad\quad=416000$(원)

(2년 뒤 받는 원리금)$=416000+416000\times0.04$
$\qquad\qquad\qquad\qquad\quad=432640$(원)

따라서 2년 뒤 받는 이자는
$432640-400000=32640$(원)입니다.

15 (정가)$=8000+8000\times\dfrac{40}{100}=11200$(원)이므로

(할인된 판매 가격)

$=11200-11200\times\dfrac{20}{100}=8960$(원)입니다.

따라서 연필깎이 1개를 팔아 얻는 이익은
$8960-8000=960$(원)입니다.

16 $4:3\Rightarrow\dfrac{4}{3}$이고, $\dfrac{4}{3}$의 분자와 분모의 합은 $3+4=7$입니다. $\dfrac{4}{3}$와 크기가 같은 분수 중 분자와 분모의 합이 1050인 분수는

$1050\div7=150$에서 $\dfrac{4\times150}{3\times150}=\dfrac{600}{450}$입니다.

⇨ (영호네 집~만난 곳)$=600$ m
  (민아네 집~만난 곳)$=450$ m

따라서 영호가 민아를 만날 때까지 간 거리는 600 m 이므로 영호가 민아를 만날 때까지 걸린 시간에 대한 간 거리의 비율은 $\dfrac{600}{15}=40$입니다.

17 (처음 설탕의 양)$=180\times\dfrac{10}{100}=18$(g)

더 넣은 설탕의 양을 □g이라 하면

$\dfrac{18+□}{180+□}\times100=19$, $\dfrac{1800+□\times100}{180+□}=19$,

$1800+□\times100=(180+□)\times19$,

$1800+□\times100=3420+□\times19$,

$□\times81=1620$, $□=20$입니다.

주의

설탕을 넣으면 설탕물의 양도 늘어납니다.

18 작년 지하철 요금을 □원이라 하면

$□+□\times\dfrac{15}{100}=1380$,

$\dfrac{□\times100+□\times15}{100}=1380$, $\dfrac{□\times115}{100}=1380$,

$□\times115=138000$, $□=1200$입니다.

작년 버스 요금을 △원이라 하면

$△+△\times\dfrac{40}{100}=1260$,

$\dfrac{△\times100+△\times40}{100}=1260$, $\dfrac{△\times140}{100}=1260$,

$△\times140=126000$, $△=900$입니다.

따라서 작년 지하철 요금은 버스 요금보다 $1200-900=300$(원) 비쌌습니다.

STEP 3 고수 최고문제

82~83쪽

1 $1:7$　　**2** 2.2　　**3** 33

4 175명　　**5** 936 m

6 54 kg 이상 60.75 kg 미만

1 • 삼각형 ㄱㄴㅁ에서

(선분 ㄱㄹ) : (선분 ㄱㄴ)=1 : 3이므로

(삼각형 ㄱㄹㅁ의 넓이) : (삼각형 ㄱㄴㅁ의 넓이)

=1 : 3입니다.

• 삼각형 ㄱㄴㄷ에서

(선분 ㄴㅁ) : (선분 ㄴㄷ)=3 : 7이므로

(삼각형 ㄱㄴㅁ의 넓이) : (삼각형 ㄱㄴㄷ의 넓이)

=3 : 7입니다.

따라서

(삼각형 ㄱㄹㅁ의 넓이) : (삼각형 ㄱㄴㄷ의 넓이)

=1 : 7입니다.

2 • ㈏에 대한 ㈎의 비율은 2.75이므로

$\dfrac{㈎}{㈏}=2.75=\dfrac{11}{4}$입니다.

• ㈐의 ㈑에 대한 비율은 0.8이므로 $\dfrac{㈐}{㈑}=0.8=\dfrac{4}{5}$

입니다.

따라서 $\dfrac{㈎}{㈏}\times\dfrac{㈐}{㈑}=\dfrac{㈎}{㈑}$이고 $\dfrac{11}{4}\times\dfrac{4}{5}=\dfrac{11}{5}$이므로

㈎와 ㈑의 비율을 소수로 나타내면 $\dfrac{11}{5}=2.2$입니다.

3 (㈏ 마을의 넓이)=430÷86=5(km²)

(㈎ 마을의 넓이)=5+2=7(km²)

(㈎ 마을의 사람 수)=430−199=231(명)

따라서 ㈎ 마을의 넓이에 대한 인구의 비율은

$\dfrac{231}{7}=33$입니다.

4 주아네 학교 6학년 학생 수를 □명이라 하면 축구를

좋아하는 학생 수는 ($□\times\dfrac{4}{7}$)명, 수영을 좋아하는 학

생 수는 ($□\times\dfrac{4}{7}\times\dfrac{8}{100}$)명입니다.

⇨ $□\times\dfrac{4}{7}\times\dfrac{8}{100}=8$, $□\times\dfrac{8}{175}=8$, □=175

따라서 주아네 학교 6학년 학생은 모두 175명입니다.

5 두 사람이 걸은 시간을 □분이라 하면

72×□−48×□=312, 24×□=312, □=13

이므로 두 사람이 걸은 시간은 13분입니다.

따라서 진영이가 간 거리는 72×13=936(m)입니다.

6 키가 150 cm인 사람의 표준 몸무게가

(150−100)×0.9=45(kg)이므로 경도비만이 될

수 있는 몸무게의 범위는 $45\times\dfrac{120}{100}=54$(kg) 이상

$45\times\dfrac{135}{100}=60.75$(kg) 미만입니다.

---

1 16 : 35 **2** 4 : 6

3 ㉠, ㉣

4 16, 4, 54 / 20, 32, 12 / $\dfrac{4}{5}$, $\dfrac{1}{8}$, $\dfrac{9}{2}$

5 ㉡ **6** $\dfrac{7}{8}$

7 ㉠, ㉢, ㉡ **8** 35 %

9 52 **10** 5 %p

11 9 m **12** 832 cm²

13 75쪽 **14** 17.5 cm

15 4 % **16** 약 2592000 km

17 490000원

18 [설명] ❶ 민지와 언니의 나이는 뺄셈으로 비교했지만, ❷ 500원짜리 수와 100원짜리 수는 나눗셈으로 비교했다는 점이 다릅니다.

19 [풀이] ❶ 200개 중에서 불량품은

$200\times\dfrac{4}{100}=8$(개)입니다. ❷ 따라서 아직 찾지

못한 불량품은 8−2=6(개)입니다.

[답] 6개

20 [풀이] ❶ (작년 어른 관람료)

=2000−800=1200(원) ❷ 작년 어린이 관람료에 대한 어른 관람료의 비가 2 : 1이므로

(작년 어린이 관람료)=(작년 어른 관람료)$\times\dfrac{1}{2}$

$=1200\times\dfrac{1}{2}=600$(원)입니다. ❸ 따라서

(올해 어린이 관람료)=600+800=1400(원)입니다.

[답] 1400원

21 풀이 ❶ 1차 서류 전형 경쟁률은 60 : 1이므로
(1차 통과자 수)=1200÷60=20(명)입니다.
❷ 이 중 85 %가 최종 합격했으므로
(최종 합격한 사람 수)=20×$\frac{85}{100}$=17(명)입니다.
답 17명

22 풀이 ❶ 올해 영업이익의 1 %가 5억이므로
(올해 영업이익)=5×100=500(억 원)입니다.
❷ 올해는 작년보다 영업이익이 25 % 즉, $\frac{1}{4}$배 늘었
으므로 (작년 영업이익)=500×4÷5=400(억 원)
입니다.
답 400억 원

1 (남자 수)=35-19=16(명)이므로 전체 사람 수에
대한 남자 수의 비는 16 : 35입니다.

3 ㉠ 5 : 8 ㉡ 8 : 5 ㉢ 8 : 5 ㉣ 5 : 8
따라서 기준량이 8인 비는 ㉠, ㉣입니다.

4 참고

$$(비율)=(비교하는 양)÷(기준량)=\frac{(비교하는 양)}{(기준량)}$$

5 ㉠ 6 : 15 → $\frac{6}{15}=\frac{2}{5}$ ㉡ $\frac{35}{75}=\frac{7}{15}$

㉢ 40 % → $\frac{2}{5}$ ㉣ 0.4=$\frac{2}{5}$

따라서 비율이 다른 하나는 ㉡입니다.

6 물은 8+6+2=16(컵)을 넣었고, 백미와 현미는
8+6=14(컵)을 넣었습니다.
따라서 물의 양에 대한 곡식 양의 비율은 $\frac{14}{16}=\frac{7}{8}$
입니다.

7 비율을 소수로 나타내면 ㉠ 1.12, ㉡ 0.65, ㉢ 0.82
입니다.
따라서 비율이 큰 순서대로 기호를 쓰면 ㉠, ㉢, ㉡입
니다.

8 (타율)=$\frac{(안타 수)}{(전체 타수)}$이므로 $\frac{21}{60}$×100=35(%)입
니다.

9 62.5 %를 기약분수로 나타내면
$0.625=\frac{625}{1000}=\frac{5}{8}$입니다.
$\frac{5}{8}$의 분모와 분자의 차는 3이고, $\frac{5}{8}$와 크기가 같은
분수 중에서 분모와 분자의 차가 12인 분수는
$12÷3=4$에서 $\frac{5×4}{8×4}=\frac{20}{32}$입니다.
따라서 조건을 만족하는 비는 20 : 32이고 기준량과
비교하는 양의 합은 32+20=52입니다.

10 지난달 저금한 금액은 용돈의
$\frac{7500}{50000}$×100=15(%)입니다.
(이번 달 용돈)
=$50000+50000×\frac{20}{100}$=60000(원)이므로
이번 달 저금한 금액은 용돈의
$\frac{12000}{60000}$×100=20(%)입니다.
따라서 이번 달은 지난달보다 20-15=5(%p) 더
저금했습니다.

11 A 지점에서 B 지점까지의 실제 거리를 ☐ cm라 하
면 $\frac{6}{☐}=\frac{1}{150}$, ☐=6×150=900입니다.
따라서 A 지점에서 B 지점까지의 실제 거리는
900 cm=9 m입니다.

12 새로 만든 직사각형의
가로는 $20-20×\frac{20}{100}$=16(cm)이고,
세로는 $40+40×\frac{30}{100}$=52(cm)입니다.
⇨ (새로 만든 직사각형의 넓이)
=16×52=832(cm²)

13 (어제까지 읽은 쪽수)=$180×\frac{25}{100}$=45(쪽)
(오늘 읽은 쪽수)=$(180-45)×\frac{4}{9}$=60(쪽)
⇨ (더 읽어야 하는 쪽수)=180-45-60=75(쪽)

14 얼음의 높이에 대한 물의 높이의 비율은 $\frac{7}{8}$입니다.
따라서 같은 비율로 줄어들므로 B 시험관의 물의 높
이는 $20×\frac{7}{8}$=17.5(cm)입니다.

15 처음 소금물의 소금의 양을 □ g이라 하면

$$\frac{□+50}{750+50}×100=10, □+50=80, □=30입니다.$$

따라서 처음 소금물의 진하기를 백분율로 나타내면

$$\frac{30}{750}×100=4(\%)입니다.$$

16 1초에 30000 m를 가는 빠르기는 1분에

$30000×60=1800000(m)=1800(km)$를 가는

빠르기이고, 1시간에 $1800×60=108000(km)$를

가는 빠르기입니다.

따라서 지구가 하루 동안 움직인 거리는

약 $108000×24=2592000(km)$입니다.

17 (정가)$=4000+4000×\dfrac{150}{100}=10000$(원)

(정가의 20 % 할인된 판매 가격)

$=10000-10000×\dfrac{20}{100}=8000$(원)

(정가의 50 % 할인된 판매 가격)

$=10000-10000×\dfrac{50}{100}=5000$(원)

⇨ (처음 장난감을 사 온 가격)

$=4000×100=400000$(원)

(판매 가격)

$=10000×60+8000×30+5000×10$

$=890000$(원)

따라서 (장난감을 팔아 얻은 이익)

$=890000-400000=490000$(원)입니다.

18 **평가상의 유의점** 두 수를 각각 뺄셈과 나눗셈으로 비교
하였는지 확인합니다.

단계	채점 기준	점수
❶	민지와 언니의 나이를 비교한 방법 설명하기	2점
❷	500원짜리와 100원짜리 동전 수를 비교한 방법 설명하기	3점

19 **평가상의 유의점** 전체 불량품의 수를 구하여 아직 찾지
못한 불량품의 수를 구했는지 확인합니다.

단계	채점 기준	점수
❶	전체 불량품의 수 구하기	3점
❷	아직 찾지 못한 불량품의 수 구하기	2점

20 **평가상의 유의점** 작년 어린이 관람료가 작년 어른 관람
료의 $\dfrac{1}{2}$임을 이용하여 올해 어린이 관람료를 구했는
지 확인합니다.

단계	채점 기준	점수
❶	작년 어른 관람료 구하기	1점
❷	작년 어린이 관람료 구하기	2점
❸	올해 어린이 관람료 구하기	2점

21 **평가상의 유의점** (1차 통과자 수)$=\dfrac{(지원한 사람 수)}{60}$
임을 이용하여 최종 합격한 사람 수를 구했는지 확인
합니다.

단계	채점 기준	점수
❶	1차 서류 전형을 통과한 사람 수 구하기	3점
❷	최종 합격한 사람 수 구하기	2점

22 **평가상의 유의점** 올해 영업이익은 작년 영업이익보다
몇 배 늘었는지를 이용하여 작년 영업이익을 구했는
지 확인합니다.

단계	채점 기준	점수
❶	올해 영업이익 구하기	2점
❷	작년 영업이익 구하기	3점

5 여러 가지 그래프

고수 확인문제

1 예 십의 자리에서 올림했습니다.

2 예 자료를 표로 나타내면 정확한 수치를 알 수 있고, 그림그래프로 나타내면 권역별로 많고 적음을 쉽게 파악할 수 있습니다.

3 (위에서부터) 20, 15, 2400

4 ㉠, ㉡, ㉢

5 예 원 / 전체 포도 수확량에 대한 각 마을별 포도 수확량의 비율을 비교하기 쉽기 때문입니다.

6 40, 25, 100 /

0 10 20 30 40 50 60 70 80 90 100(%)
운동 (20 %) | 독서 (40 %) | 영화 감상 (25 %) | 기타 (15 %)

7 100 %

8 70명

9 35, 30 /

10 65 %

11 2배

---

6 독서: $\dfrac{64}{160} \times 100 = 40(\%)$

영화 감상: $\dfrac{40}{160} \times 100 = 25(\%)$

7 항목의 백분율의 총합은 항상 100 %입니다.

8 (여름을 좋아하는 학생 수)$=200 \times \dfrac{35}{100}=70$(명)

9 미국: $\dfrac{84}{240} \times 100 = 35(\%)$

프랑스: $\dfrac{72}{240} \times 100 = 30(\%)$

10 (미국 이외의 나라에 가고 싶은 학생의 백분율)
$=100-35=65(\%)$

11 프랑스에 가고 싶은 학생은 30 %, 독일에 가고 싶은 학생은 15 %이므로 30 %는 15 %의 2배입니다.

STEP 1 고수 대표유형문제

1 대표문제 6명

1단계 33   2단계 3   3단계 3, 6

유제 **1** 27명   유제 **2** 192개

---

2 대표문제 500명

1단계 5   2단계 500 / 500

유제 **3** 400명   유제 **4** 120송이

---

3 대표문제 10 cm

1단계 175 / 50   2단계 50, 10

유제 **5** 2 cm   유제 **6** 5.4 cm

---

4 대표문제 현우, 4명

1단계 140   2단계 144   3단계 현우 / 4

유제 **7** ㉴, 2180000원

---

5 대표문제 11.44 %

1단계 52   2단계 22 / 22, 11.44

유제 **8** 11.4 %

유제 **1** 채소 호빵을 좋아하는 학생은 전체의
$100-(32+18+15+12)=23(\%)$이므로 팥 호빵을 좋아하는 학생은 채소 호빵을 좋아하는 학생보다 전체의 $32-23=9(\%)$가 더 많습니다.
따라서 채소 호빵보다 팥 호빵을 좋아하는 학생은
$300 \times \dfrac{9}{100}=27$(명) 더 많습니다.

유제 **2** 중국 동전은 전체의
$100-(35+15+15+10)=25(\%)$이므로 중국과 일본 동전은 전체의 $25+15=40(\%)$입니다.
따라서 중국과 일본 동전은 모두
$480 \times \dfrac{40}{100}=192$(개)입니다.

유제 **3** 도보로 등교한 학생은 자전거로 등교한 학생보다 전체의 $27-19=8(\%)$가 더 많습니다.
전체의 8 %가 32명을 나타내므로

전체인 100 %는 400명을 나타냅니다.
따라서 조사에 참여한 학생은 모두 400명입니다.

유제 **4** 빨간색 장미가 전체의 60 %이므로 빨간색이 아닌 장미는 전체의 100−60=40(%)입니다.
전체의 40 %가 48송이이고, 전체인 100 %는 40 %의 100÷40=2.5(배)이므로 이 꽃집에 있는 장미는 모두 48×2.5=120(송이)입니다.

유제 **5** 바다와 워터파크에 가고 싶은 학생 수의 차는
32−24=8(명)으로 전체의 $\frac{8}{160}×100=5(\%)$입니다. 따라서 띠그래프에서 바다와 워터파크가 차지하는 길이의 차는 $40×\frac{5}{100}=2(cm)$입니다.

유제 **6** 100÷25=4이므로 띠그래프의 전체 길이는
7.5×4=30(cm)입니다.
따라서 띠그래프에서 ㉺ 은행이 차지하는 길이는
$30×\frac{18}{100}=5.4(cm)$입니다.

유제 **7** ㉮ 식당에서 판매한 회냉면은
$3000×\frac{18}{100}=540$(그릇)이므로 판매한 금액은
540×8000=4320000(원)이고,
㉯ 식당에서 판매한 회냉면은
$5000×\frac{26}{100}=1300$(그릇)이므로 판매한 금액은
1300×5000=6500000(원)입니다.
따라서 회냉면을 판매한 금액은 ㉯ 식당이
6500000−4320000=2180000(원) 더 많습니다.

유제 **8** 여학생은 전체의 100−62=38(%)이고, 피아노 학원에 다니고 싶은 여학생은 여학생 전체의 30 %입니다. 따라서 피아노 학원에 다니고 싶은 여학생은 전체의 $38×\frac{30}{100}=11.4(\%)$입니다.

STEP **2** 고수 **실전문제**
99~101쪽

1 ⓔ 약 5배 **2** 48가구 **3** 63명
4 ⓔ 반 친구들이 좋아하는 과목 /
국어, 수학, 영어 / 9, 4, 8, 3, 24 /
37.5, 16.7, 33.3, 12.5, 100
5 8.6 cm **6** 14000원 **7** 25 %

---

8 111번 **9** 7.2 %
10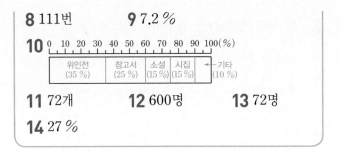
11 72개 **12** 600명 **13** 72명
14 27 %

---

1 대구·부산·울산·경상 권역의 월 강수량은 710 mm이고, 강원 권역의 월 강수량은 130 mm입니다.
따라서 710÷130=5.46 ⋯⋯이므로 대구·부산·울산·경상 권역의 월 강수량은 강원 권역의 월 강수량의 약 5배입니다.

> **참고**
> 710÷130=5.46⋯⋯이지만 나누어떨어지지 않는 소수의 나눗셈을 아직 배우지 않았으므로 5에 가까운 근삿값 5.4 또는 5.5 등을 써도 정답으로 인정합니다.

2 나 신문을 구독하는 가구 수는 전체의 40 %이므로
$120×\frac{40}{100}=48$(가구)입니다.

3 하모니카를 좋아하는 학생은 전체의
100−(15+35+20)=30(%)입니다.
따라서 하모니카를 좋아하는 학생은
$210×\frac{30}{100}=63$(명)입니다.

4 > **주의**
> 백분율의 합계가 100 %가 되지 않거나 넘는 경우도 있습니다. 학급 인원이 30명이라면 학생 1명에 해당하는 비율이 약 3.3 %이므로 이를 모두 더하면 약 99.9 %가 됩니다.

5 음악은 전체의 $\frac{86}{200}×100=43(\%)$입니다. 따라서 길이가 20 cm인 띠그래프에서 음악이 차지하는 길이는 $20×\frac{43}{100}=8.6(cm)$입니다.

6 군것질은 전체의 20 %로 8000원이고, 전체인 100 %는 20 %의 100÷20=5(배)이므로
(한 달 용돈)=8000×5=40000(원)입니다.
따라서 저금을 하는 데 쓴 금액은
$40000×\frac{35}{100}=14000$(원)입니다.

7 4학년은 전체의 $\frac{8}{40} \times 100 = 20(\%)$이고, 5학년은

전체의 $\frac{16}{40} \times 100 = 40(\%)$입니다. 따라서 6학년은

전체의 $100 - (15 + 20 + 40) = 25(\%)$입니다.

8 3의 배수는 3과 6이므로 3의 배수는 전체의
$18 + 19 = 37(\%)$입니다. 따라서 3의 배수는
$300 \times \frac{37}{100} = 111(번)$ 나왔습니다.

9 관악산은 전체의 18%가 등산했으므로 토요일에 관
악산에 간 회원은 전체의 $18 \times \frac{40}{100} = 7.2(\%)$입니다.

10 소설책의 반을 위인전으로 교체했으므로 2학기 학급
문고의 종류별 백분율은 소설책은 $30 \div 2 = 15(\%)$,
참고서는 25%, 위인전은 $20 + 15 = 35(\%)$, 시집
은 15%, 기타는 10%입니다.

11 구슬의 색이 5가지이므로 전체 구슬 수는
$60 \times 5 = 300(개)$입니다. 따라서 초록색 구슬은 전체
의 24%이므로 $300 \times \frac{24}{100} = 72(개)$입니다.

12 팽이를 받고 싶은 학생은 전체의
$20 \times \frac{20}{100} = 4(\%)$입니다.

따라서 전체의 4%가 24명이고, 전체인 100%는
4%의 $100 \div 4 = 25(배)$이므로 성호네 학교 학생은
모두 $24 \times 25 = 600(명)$입니다.

13 (충청도에 가는 학생 수)$= 600 \times \frac{20}{100} = 120(명)$

충청남도에 가는 학생을 □명이라 하면 충청북도에
가는 학생은 $(□-24)$명이므로 $□+□-24=120$,
$□ \times 2 = 144$, $□ = 72$입니다.

따라서 충청남도에 가는 학생은 72명입니다.

14 (태권도 학원에 다니는 남학생의 백분율)
$= 60 \times \frac{35}{100} = 21(\%)$

(태권도 학원에 다니는 여학생의 백분율)
$= 40 \times \frac{15}{100} = 6(\%)$

따라서 태권도 학원에 다니는 학생은 전체의
$21 + 6 = 27(\%)$입니다.

STEP 3 고수 최고문제

102~103쪽

1 $\frac{100}{7}\%$ **2** 120개 **3** 12명

4 40송이 **5** 19%

1 당근은 전체의 $100 - (72 + 12 + 8 + 4) = 4(\%)$이
고, 밥을 제외한 재료들은 전체의 $100 - 72 = 28(\%)$
입니다. 따라서 밥을 제외한 재료들 중에서 당근이

차지하는 백분율은 $\frac{4}{28} \times 100 = \frac{100}{7}(\%)$입니다.

2 ㉯의 백분율은 전체의 $100 - (40 + 35) = 25(\%)$이
고, ㉯의 수는 30개입니다. 전체인 100%는 25%
의 $100 \div 25 = 4(배)$이므로 전체 항목의 수는
$30 \times 4 = 120(개)$입니다.

3 원을 25등분하면 눈금 한 칸은 4%를 나타내므로 눈
금 5칸은 $4 \times 5 = 20(\%)$를 나타냅니다. 전체의
20%가 4명이고, 전체인 100%는 20%의
$100 \div 20 = 5(배)$이므로 전체 학생 수는
$4 \times 5 = 20(명)$입니다.

따라서 15 cm인 띠그래프에서 9 cm가 차지하는 백

분율은 $\frac{9}{15} \times 100 = 60(\%)$이므로 9 cm는

$20 \times \frac{60}{100} = 12(명)$을 나타냅니다.

4 (장미가 차지하는 백분율)
$= \frac{8}{20} \times 100 = 40(\%)$이므로

(봉선화가 차지하는 백분율)
$= 40 \times \frac{1}{2} = 20(\%)$입니다.

⇒ (무궁화와 국화가 차지하는 백분율의 합)
$= 100 - (40 + 20 + 5) = 35(\%)$

무궁화가 차지하는 백분율을 $(5 \times □)\%$, 국화가 차
지하는 백분율을 $(2 \times □)\%$라 하면
$5 \times □ + 2 \times □ = 35$, $7 \times □ = 35$, $□ = 5$에서 무궁
화가 차지하는 백분율은 $5 \times 5 = 25(\%)$입니다.

따라서 전체의 25%가 10송이이고, 전체인 100%
는 25%의 $100 \div 25 = 4(배)$이므로 화단에 심은 꽃
은 모두 $10 \times 4 = 40(송이)$입니다.

5 B형에게 혈액을 줄 수 있는 학생은 B형과 O형이므로 O형은 전체 학생의 $53-22=31(\%)$입니다.
A형에서 혈액을 줄 수 있는 학생은 A형과 O형이므로 A형은 전체 학생의 $59-31=28(\%)$입니다.
전체가 $100\,\%$이므로 AB형은 전체의
$100-(28+22+31)=19(\%)$입니다.

고수 단원평가문제

1 예 서울·인천·경기 권역보다 강원 권역의 사과 생산량이 더 많습니다. /
예 대구·부산·울산·경상 권역의 사과 생산량은 광주·전라 권역의 사과 생산량의 약 2배입니다.

2 (1) 꺾은선그래프 (2) 예 막대그래프
(3) 예 그림그래프

3 64명

4
```
0  10 20 30 40 50 60 70 80 90 100(%)
```
| | 선생님 (24 %) | | 운동선수 (20 %) | 연예인 (14 %) | 기타 (14 %) |
컴퓨터 프로그래머 (18 %)　　요리사 (10 %)

5 17 %　　　　**6** 진아, 10명　　　　**7** 21 %

8 40마리　　　**9** 160개　　　　　**10** 204 t

11 30 cm　　　**12** 21 %　　　　　**13** 165개

14 $\dfrac{500}{19}\,\%$

15 막대그래프 ❶ 수량의 많고 적음을 한눈에 비교하기 쉽습니다. 꺾은선그래프 ❷ 시간에 따라 연속적으로 변하는 양을 나타내는 데 편리합니다. 띠그래프 ❸ 전체에 대한 각 부분의 비율을 한눈에 알아보기 쉽습니다.

16 풀이 ❶ (여름에 태어난 학생의 백분율)
$=15\times\dfrac{7}{3}=35(\%)$,
(겨울에 태어난 학생의 백분율)$=35\times\dfrac{6}{7}=30(\%)$
❷ 따라서 가을에 태어난 학생의 백분율은
$100-(15+35+30)=20(\%)$입니다. 답 20 %

17 풀이 ❶ 밤나무가 아닌 나무는 전체의
$100-60=40(\%)$이고, 그 수는 360그루입니다.
❷ 전체인 $100\,\%$는 $40\,\%$의 $100\div40=2.5$(배)이므로 이 과수원에 있는 나무는 모두
$360\times2.5=900$(그루)입니다. 답 900그루

18 풀이 ❶ $100\,\%$는 $360°$이므로 여학생의 백분율은
$\dfrac{153°}{360°}\times100=42.5(\%)$입니다. ❷ 따라서 남학생은 전체의 $100-42.5=57.5(\%)$입니다. 답 57.5 %

19 풀이 ❶ (3세 초과 12세 이하인 입장객 수)
$=500\times\dfrac{35}{100}=175$(명),
(12세 초과 65세 이하인 입장객 수)
$=500\times\dfrac{45}{100}=225$(명),
(65세 초과인 입장객 수)$=500\times\dfrac{12}{100}=60$(명)입니다. ❷ 따라서 오늘 워터파크의 매출액은
$16000\times175+28000\times225+10000\times60$
$=9700000$(원)입니다. 답 9700000원

2 (2) 막대그래프, 띠그래프, 원그래프로 나타낼 수 있습니다.
(3) 그림그래프, 막대그래프, 띠그래프, 원그래프로 나타낼 수 있습니다.

3 (창덕궁에 가고 싶은 학생 수)
$=400\times\dfrac{16}{100}=64$(명)

4 · 컴퓨터 프로그래머: $\dfrac{54}{300}\times100=18(\%)$
· 선생님: $\dfrac{72}{300}\times100=24(\%)$
· 요리사: $\dfrac{30}{300}\times100=10(\%)$
· 운동선수: $\dfrac{60}{300}\times100=20(\%)$
· 연예인: $\dfrac{42}{300}\times100=14(\%)$
· 기타: $\dfrac{42}{300}\times100=14(\%)$

5 중학생은 전체의 $25\times1.2=30(\%)$입니다.
따라서 대학생은 전체의
$100-(25+30+28)=17(\%)$입니다.

6 (진아네 학교 5학년 학생 수)$=200\times\dfrac{13}{100}=26$(명)
(민주네 학교 5학년 학생 수)$=100\times\dfrac{16}{100}=16$(명)
따라서 진아네 학교 5학년 학생이 $26-16=10$(명) 더 많습니다.

정답과 해설 · **33**

7 (진아네 학교 6학년 학생 수)$=200\times\dfrac{22}{100}=44$(명)

(민주네 학교 6학년 학생 수)$=100\times\dfrac{19}{100}=19$(명)

2학기 전체 학생 수는 $200+100=300$(명)이고 6학년 학생 수는 $44+19=63$(명)이므로 6학년은 전체의 $\dfrac{63}{300}\times100=21$(%)입니다.

8 남경은 추금보다 전체의 $35-15=20$(%)만큼 더 많습니다. 전체의 20 %가 8마리이고, 전체인 100 %는 20 %의 $100\div20=5$(배)이므로 어항 속 금붕어는 모두 $8\times5=40$(마리)입니다.

9 10원짜리 동전과 500원짜리 동전은 전체의 $100-(28+32)=40$(%)이고,
그 개수는 $28+36=64$(개)입니다.
따라서 전체는 40 %의 $100\div40=2.5$(배)이므로
(전체 동전의 수)$=64\times2.5=160$(개)입니다.

10 이산화탄소의 배출량은 전체의 84 %이므로 이산화탄소가 아닌 가스의 배출량은 전체의 $100-84=16$(%)입니다.
따라서 그 차는 $84-16=68$(%)이므로 이산화탄소의 배출량은 다른 가스의 배출량보다
$300\times\dfrac{68}{100}=204$(t) 더 많습니다.

11 제기차기는 전체의 20 %이고, 전체는 20 %의 $100\div20=5$(배)이므로 띠그래프의 전체 길이는 $6\times5=30$(cm)입니다.

12 취미가 수집 또는 등산인 학생은 전체의 $100-(30+25+10)=35$(%)입니다.
취미가 수집인 학생이 전체의 ($\square\times3$) %이면 등산인 학생은 전체의 ($\square\times2$) %이므로
$\square\times3+\square\times2=35$, $\square\times5=35$, $\square=7$입니다.
따라서 취미가 수집인 학생은 전체의 $7\times3=21$(%)입니다.

13 노란색 공은 빨간색 공보다 전체의 $25-15=10$(%)인 30개가 더 많고, 전체는 10 %의 $100\div10=10$(배)이므로 전체 공의 수는 $30\times10=300$(개)입니다.
따라서 하트 무늬인 공은 전체의 $100-(25+20)=55$(%)이므로
$300\times\dfrac{55}{100}=165$(개)입니다.

14 (남은 수분의 무게)$=800\times0.9\times(1-0.9)=72$(g)
(수분을 뺀 다른 영양소의 무게)
$=800\times(1-0.9)=80$(g)
⇨ (말린 무의 무게)$=72+80=152$(g)
(식이섬유의 무게)$=800\times\dfrac{5}{100}=40$(g)
따라서 식이섬유의 무게는 말린 무 전체 무게의
$\dfrac{40}{152}\times100=\dfrac{500}{19}$(%)입니다.

> **주의**
> 남은 수분의 무게를 수분 90 %의 90 %만큼이라고 생각하지 않도록 합니다.

15 **평가상의 유의점** 각 그래프별 특징을 바르게 썼는지 확인합니다.

단계	채점 기준	점수
❶	막대그래프 특징 쓰기	1점
❷	꺾은선그래프 특징 쓰기	2점
❸	띠그래프 특징 쓰기	2점

16 **평가상의 유의점** 여름과 겨울에 태어난 학생의 백분율을 구한 뒤 가을에 태어난 학생의 백분율을 구했는지 확인합니다.

단계	채점 기준	점수
❶	여름과 겨울에 태어난 학생의 백분율을 각각 구하기	각 2점
❷	가을에 태어난 학생의 백분율 구하기	1점

17 **평가상의 유의점** 밤나무가 아닌 나무의 백분율을 구하여 전체 나무의 수를 구했는지 확인합니다.

단계	채점 기준	점수
❶	밤나무가 아닌 나무의 백분율 구하기	2점
❷	전체 나무의 수 구하기	3점

18 **평가상의 유의점** 한 바퀴가 360°임을 이용하여 여학생의 백분율을 구한 다음 남학생의 백분율을 구했는지 확인합니다.

단계	채점 기준	점수
❶	여학생의 백분율 구하기	3점
❷	남학생의 백분율 구하기	2점

19 **평가상의 유의점** 입장료별 입장객 수를 구하여 오늘 워터파크의 매출을 구했는지 확인합니다.

단계	채점 기준	점수
❶	입장료별 입장객 수 구하기	3점
❷	오늘 워터파크의 매출액 구하기	2점

6 직육면체의 부피와 겉넓이

고수 확인문제

111쪽

1 60 cm³　　　　**2** 90 cm³

3 343 cm³　　　　**4** ㉡

5 연우　　　　　**6** 384 cm²

1 각 모서리의 쌓기나무 수가 5개, 4개, 3개이므로 쌓기나무의 수는 5×4×3=60(개)입니다.
따라서 부피가 1 cm³인 쌓기나무가 60개이므로 부피는 60 cm³입니다.

2 전개도로 만든 직육면체는 오른쪽과 같습니다.
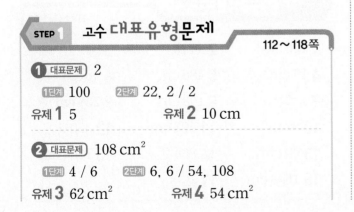
➡ (직육면체의 부피)
$=6×5×3=90(cm^3)$

3 (정육면체의 부피)$=7×7×7=343(cm^3)$

4 1 m³=1000000 cm³이므로 잘못된 것은
㉡ 82000 cm³=0.082 m³입니다.

5 직육면체의 겉넓이는 두 밑면의 넓이와 옆면의 넓이를 더해야 합니다.
따라서 잘못 설명한 사람은 연우입니다.

6 (정육면체의 겉넓이)=(한 면의 넓이)×6
$=8×8×6=384(cm^2)$

STEP 1 고수 대표유형문제

112~118쪽

❶ 대표문제 2
　1단계 100　　2단계 22, 2 / 2
유제 **1** 5　　　　　유제 **2** 10 cm

❷ 대표문제 108 cm²
　1단계 4 / 6　　2단계 6, 6 / 54, 108
유제 **3** 62 cm²　　유제 **4** 54 cm²

❸ 대표문제 0.21 m³
　1단계 21400　　2단계 10700
　3단계 50, 210000 / 0.21
유제 **5** 0.16 m³　　유제 **6** 2.7 m²

❹ 대표문제 2배
　1단계 20, 5　　2단계 400 / 800　　3단계 2
유제 **7** 8배　　　유제 **8** 2배

❺ 대표문제 552 cm²
　1단계 9, 12　　2단계 12, 12 / 552
유제 **9** 950 cm²　　유제 **10** 100 cm²

❻ 대표문제 1125 cm³
　1단계 3　　2단계 3 / 1125
유제 **11** 600 cm³　　유제 **12** 1728 cm³

❼ 대표문제 364 cm²
　1단계 56　　2단계 252　　3단계 56, 252, 364
유제 **13** 320 cm²　　유제 **14** 630 cm²

유제 **1** (직육면체의 겉넓이)
$=(□×12+□×10+12×10)×2$
$=460(cm^2)$이므로
$□×12+□×10+120=230, □×22=110,$
$□=5$입니다.

유제 **2** (직육면체의 겉넓이)
$=(18×6+18×8+6×8)×2=600(cm^2)$
직육면체와 겉넓이가 같은 정육면체의 한 모서리의 길이를 □ cm라 하면 $□×□×6=600,$
$□×□=100, □=10$입니다.

유제 **3** (선분 ㅋㅌ)=(선분 ㄱㅎ)=(선분 ㄷㄹ)=2 cm
이므로
(선분 ㅌㅍ)=(선분 ㅋㅍ)-(선분 ㅋㅌ)
$=7-2=5(cm)$이고,
(선분 ㅎㅍ)=(선분 ㅌㅍ)=5 cm입니다.
➡ (직육면체의 겉넓이)
$=(3×2+3×5+2×5)×2=62(cm^2)$

유제 **4** (전개도의 둘레)=(한 모서리의 길이)×14이므로
(한 모서리의 길이)$=42÷14=3(cm)$입니다.
➡ (정육면체의 겉넓이)$=3×3×6=54(cm^2)$

유제 **5** 1 m²=10000 cm²이므로
1.84 m²=18400 cm²입니다.
$(50 \times 80 + 50 \times ㉠ + 80 \times ㉠) \times 2 = 18400$,
$50 \times 80 + 50 \times ㉠ + 80 \times ㉠ = 9200$,
$4000 + 130 \times ㉠ = 9200$, $130 \times ㉠ = 5200$,
㉠=40
따라서 (직육면체의 부피)
$= 50 \times 80 \times 40 = 160000 (\text{cm}^3) \Rightarrow 0.16 \text{ m}^3$
입니다.

유제 **6** 1 m³=1000000 cm³이므로
0.234 m³=234000 cm³입니다.
가로를 ㉠ cm라 하면 $㉠ \times 60 \times 30 = 234000$,
㉠=130입니다.
따라서 (직육면체의 겉넓이)
$= (130 \times 60 + 130 \times 30 + 60 \times 30) \times 2$
$= 27000 (\text{cm}^2) \Rightarrow 2.7 \text{ m}^2$입니다.

유제 **7** 늘인 정육면체의 한 모서리의 길이는
$4 \times 2 = 8 (\text{cm})$입니다.
(처음 정육면체의 부피)$= 4 \times 4 \times 4 = 64 (\text{cm}^3)$,
(늘인 정육면체의 부피)$= 8 \times 8 \times 8 = 512 (\text{cm}^3)$이
므로 늘인 정육면체의 부피는 처음 정육면체의 부피
의 $512 \div 64 = 8$(배)입니다.

다른 풀이 $\dfrac{(늘인 정육면체의 부피)}{(처음 정육면체의 부피)}$

$= \dfrac{4 \times 2 \times 4 \times 2 \times 4 \times 2}{4 \times 4 \times 4}$

$= 2 \times 2 \times 2 = 8$(배)

유제 **8** (처음 직육면체의 부피)
$=$(새로 만든 직육면체의 부피)
$= 12 \times 20 \times 10 = 2400 (\text{cm}^3)$이고
줄인 직육면체의 가로는 $12 \times \dfrac{50}{100} = 6 (\text{cm})$입니다.
늘인 세로를 □ cm라 하면 $6 \times □ \times 10 = 2400$,
□=40입니다.
따라서 세로를 $40 \div 20 = 2$(배)로 늘여야 처음 직육
면체의 부피와 같아집니다.

유제 **9** 위, 앞, 옆에서 본 모양을 보고
직육면체의 겨냥도를 그려 보면 오
른쪽과 같습니다.
$\Rightarrow$ (직육면체의 겉넓이)
$= (15 \times 5 + 15 \times 20 + 5 \times 20) \times 2$

$= 475 \times 2 = 950 (\text{cm}^2)$

유제 **10** 공통인 4 cm가 가로이므로 세로는 2 cm이고,
높이는 7 cm입니다.
$\Rightarrow$ (직육면체의 겉넓이)
$= (4 \times 2 + 4 \times 7 + 2 \times 7) \times 2$
$= 50 \times 2 = 100 (\text{cm}^2)$

유제 **11** (늘어난 물의 높이)$= 27 - 22 = 5 (\text{cm})$이므로
(돌의 부피)$=$(늘어난 물의 부피)
$= 8 \times 15 \times 5 = 600 (\text{cm}^3)$입니다.

유제 **12** 돌을 꺼내어 줄어든 물의 높이는
$19 - 15 = 4 (\text{cm})$입니다.
$\Rightarrow$ (돌의 부피)$=$(줄어든 물의 부피)
$= 24 \times 18 \times 4 = 1728 (\text{cm}^3)$

유제 **13** 오른쪽 그림에서 윗면의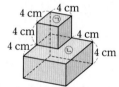
넓이는 면 ㉠과 면 ㉡의 합과
같으므로 윗면과 아랫면의 넓
이는 서로 같습니다.
(윗면의 넓이)$=$(아랫면의 넓이)$= 8 \times 8 = 64 (\text{cm}^2)$
(위쪽 옆면의 넓이)$= 4 \times 4 \times 4 = 64 (\text{cm}^2)$
(아래쪽 옆면의 넓이)$= 8 \times 4 \times 4 = 128 (\text{cm}^2)$
$\Rightarrow$ (입체도형의 겉넓이)$= 64 \times 2 + 64 + 128$
$= 320 (\text{cm}^2)$

유제 **14** (한 밑면의 넓이)$= 12 \times 9 - 3 \times 3 = 99 (\text{cm}^2)$
(바깥쪽 옆면의 넓이)
$= (12 + 9 + 12 + 9) \times 8 = 336 (\text{cm}^2)$
(안쪽 옆면의 넓이)$= 3 \times 4 \times 8 = 96 (\text{cm}^2)$
$\Rightarrow$ (입체도형의 겉넓이)
$= 99 \times 2 + 336 + 96 = 630 (\text{cm}^2)$

STEP **2** 고수 **실전문제**

119~121쪽

1 125 cm³	**2** 4 cm	**3** 3 m
4 16 cm	**5** 486 cm²	**6** 96 cm²
7 122장	**8** 108 cm³	**9** 238 cm²
10 8 cm³	**11** 693 cm³	**12** 300개
13 60 cm³	**14** 864개	**15** 1700 cm³
16 1648 cm²	**17** 1 : 8	

1 색칠한 면은 정사각형이므로
(한 모서리의 길이)$=20\div4=5$(cm)입니다.
➡ (정육면체의 부피)$=5\times5\times5=125$(cm³)

2 (정육면체의 부피)$=6\times6\times6=216$(cm³)이므로
직육면체의 세로를 □ cm라 하면 $9\times\square\times6=216$,
□$=4$입니다.

3 $9\,\mathrm{m}^3=9000000\,\mathrm{cm}^3$이므로 직육면체의 높이를
□ cm라 하면 $150\times200\times\square=9000000$,
□$=300$입니다.
따라서 직육면체의 높이는 $300\,\mathrm{cm}=3\,\mathrm{m}$입니다.

4 (직육면체의 부피)$=200\times4=800$(cm³)이므로
처음 직육면체의 세로를 □ cm라 하면
$10\times\square\times5=800$, □$=16$입니다.

5 가장 짧은 모서리의 길이가 $9\,\mathrm{cm}$이므로 자를 수 있
는 가장 큰 정육면체는 한 모서리의 길이가 $9\,\mathrm{cm}$입
니다.
➡ (잘라낸 정육면체의 겉넓이)$=9\times9\times6$
$=486$(cm²)

6 정육면체의 한 모서리의 길이를 □ cm라 하면
$\square\times\square\times\square=64$, □$=4$입니다.
➡ (정육면체의 겉넓이)$=4\times4\times6=96$(cm²)

7 가로, 세로, 높이에 붙일 수 있는 색종이의 수는
(가로)$=14\div2=7$(장), (세로)$=8\div2=4$(장),
(높이)$=6\div2=3$(장)입니다.
직육면체에는 합동인 면이 3쌍 있으므로 3쌍의 면에
필요한 색종이의 수를 각각 알아봅니다.
(면 ㄱㄴㄷㄹ)=(면 ㅁㅂㅅㅇ)$=7\times4=28$(장)
(면 ㄴㅂㅅㄷ)=(면 ㄱㅁㅇㄹ)$=7\times3=21$(장)
(면 ㄴㅂㅁㄱ)=(면 ㄷㅅㅇㄹ)$=4\times3=12$(장)
➡ (필요한 색종이의 수)$=(28+21+12)\times2$
$=61\times2=122$(장)

8 (선분 ㄹㅁ)=□ cm라 하면 (선분 ㅇㅈ)=□ cm이
므로 $21=\square+3+\square$, $\square+\square=18$, □$=9$입니다.
➡ (직육면체의 부피)$=3\times4\times9=108$(cm³)

9 밑면이 정사각형이므로 직육면체의 가로와 세로는 같
습니다.
가로와 세로를 각각 □ cm라 하면
$\square\times\square\times5=245$, $\square\times\square=49$, □$=7$입니다.

➡ (직육면체의 겉넓이)
$=(7\times7+7\times5+7\times5)\times2$
$=119\times2=238$(cm²)

10 각 모서리의 쌓기나무 수가 5개, 4개, 4개이므로 쌓
기나무의 수는 $5\times4\times4=80$(개)입니다.
따라서 $640\div80=8$이므로 쌓기나무 한 개의 부피
는 $8\,\mathrm{cm}^3$입니다.

11 공통으로 있는 $11\,\mathrm{cm}$가 높이이고, $9\,\mathrm{cm}$가 가로,
$7\,\mathrm{cm}$가 세로입니다.
➡ (직육면체의 부피)$=9\times7\times11=693$(cm³)

12 가로, 세로, 높이에 들어갈 수 있는 주사위의 수를 각
각 알아봅니다.
(가로)$=36\div6=6$(개), (세로)$=30\div6=5$(개),
(높이)$=60\div6=10$(개)
따라서 넣을 수 있는 주사위는 최대
$6\times5\times10=300$(개)입니다.

13 (쇠구슬 12개의 부피)$=20\times12\times(21-18)$
$=720$(cm³)
➡ (쇠구슬 1개의 부피)$=720\div12=60$(cm³)

14 먼저 6, 9, 8의 최소공배수를 구합니다.

$\begin{array}{r}3\,)\underline{6\quad9}\\2\quad3\end{array}$
$\begin{array}{r}2\,)\underline{18\quad8}\\9\quad4\end{array}$

➡ 최소공배수: ➡ 최소공배수:
$3\times2\times3=18$ $2\times9\times4=72$

6, 9, 8의 최소공배수는 72이므로 가장 작은 정육면
체 모양의 한 모서리의 길이는 $72\,\mathrm{cm}$입니다.
가로, 세로, 높이에 놓아야 하는 상자의 수를 각각 알
아보면 (가로)$=72\div6=12$(개),
(세로)$=72\div9=8$(개), (높이)$=72\div8=9$(개)입
니다.
따라서 필요한 상자는 모두 $12\times8\times9=864$(개)입
니다.

15 오른쪽과 같이 3개의 직육면
체로 나눈 후 가장 왼쪽 직
육면체를 가장 오른쪽으로
옮기면 가로가 $10\,\mathrm{cm}$, 세로
가 $10\,\mathrm{cm}$, 높이가 $17\,\mathrm{cm}$
인 직육면체가 만들어집니다.
➡ (입체도형의 부피)=(직육면체의 부피)
$=10\times10\times17=1700$(cm³)

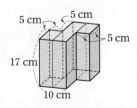
5 cm
5 cm
5 cm
17 cm
10 cm

16 입체도형을 뒤로 눕히면 밑면은 ⌐_⌐ 모양이 됩니다.

(한 밑면의 넓이)$=30 \times 14-(30-7-7) \times 6$
$$=324(cm^2)$$

(옆면의 넓이)
$=$(한 밑면의 둘레)$\times$(높이)
$=(30+14+7+6+16+6+7+14) \times 10$
$=1000(cm^2)$

$\Rightarrow$ (입체도형의 겉넓이)$=324 \times 2+1000$
$$=1648(cm^2)$$

17 정육면체 가와 나의 한 모서리의 길이를 각각 □ cm, (□$\times 2$) cm라 하면

(정육면체 가의 부피)$=$□$\times$□$\times$□(cm^3)
(정육면체 나의 부피)$=$□$\times 2 \times$□$\times 2 \times$□$\times 2$
$$=□\times□\times□\times 8(cm^3)$$입니다.

따라서 정육면체 가와 나의 부피의 비는 1 : 8입니다.

 STEP 3 고수 최고문제

122~123쪽

1 $1120 \ cm^3$ **2** $608 \ cm^2$
3 $504 \ cm^2$ **4** $24 \ cm^2$
5 2100원

1 오른쪽 그림과 같이 삼각기둥의 부피는 직육면체의 부피의 $\frac{1}{2}$과 같습니다.

$\Rightarrow$ (삼각기둥의 부피)
$$=14 \times 8 \times 20 \times \frac{1}{2}=1120(cm^3)$$

2 다음과 같이 색칠한 두 면이 각각 늘어납니다.

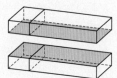

따라서 나누어진 나무토막의 겉넓이의 합은 나누기 전 나무토막의 겉넓이보다
$8 \times 8 \times 2+30 \times 8 \times 2=128+480=608(cm^2)$
더 넓습니다.

3 쌓기나무 16개의 전체 면의 수는 $6 \times 16=96$(개)이고, 색칠된 쌓기나무의 면의 수는
$(4 \times 2+4 \times 2+2 \times 2) \times 2=40$(개)이므로 색칠되지 않은 면의 수는 $96-40=56$(개)입니다.

따라서 (한 면의 넓이)$=360 \div 40=9(cm^2)$이므로
(색칠되지 않은 면의 넓이의 합)
$$=9 \times 56=504(cm^2)$$입니다.

4 곱이 8이 되는 세 자연수는 $1 \times 1 \times 8=8$, $1 \times 2 \times 4=8$, $2 \times 2 \times 2=8$뿐이므로 만들 수 있는 직육면체 모양은 다음의 세 가지뿐입니다.

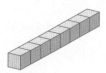
(겉넓이)
$=(1 \times 8+1 \times 1+8 \times 1) \times 2$
$=34(cm^2)$

(겉넓이)
$=(2 \times 1+2 \times 4+1 \times 4) \times 2$
$=28(cm^2)$

(겉넓이)$=2 \times 2 \times 6=24(cm^2)$

따라서 겉넓이가 가장 좁은 경우는 $24 \ cm^2$입니다.

5 각 상자의 부피를 구해 봅니다.
(1호)$=22 \times 19 \times 9=3762(cm^3)$
(2호)$=27 \times 18 \times 15=7290(cm^3)$
(3호)$=34 \times 25 \times 21=17850(cm^3)$
(4호)$=41 \times 31 \times 28=35588(cm^3)$
(5호)$=48 \times 38 \times 34=62016(cm^3)$
(6호)$=52 \times 48 \times 40=99840(cm^3)$

상자 2개에 나누어 담는 방법은 다음의 2가지 경우입니다.

• 1호와 5호에 나누어 담는 경우:
  $400+1700=2100$(원)
• 4호 2개에 나누어 담는 경우:
  $1100 \times 2=2200$(원)

따라서 상자를 구입하기 위해 필요한 금액은 적어도 2100원입니다.

고수 단원평가문제

124~128쪽

1 $216 \ cm^2$

2 (1) 5   (2) 1420000   (3) 7600000

3 10   **4** ㉠, ㉣, ㉡, ㉢

5 $64 \ m^3$ **6** $280 \ cm^3$

7 $412\,\mathrm{cm^2}$ **8** $120\,\mathrm{cm^3}$

9 $294\,\mathrm{cm^2}$ **10** $6\,\mathrm{cm}$

11 예 $3,\ 4,\ 4\ /\ 6,\ 4,\ 2$ **12** $2\,\mathrm{cm}$

13 250개   **14** 4가지

15 $1536\,\mathrm{cm^2}$ **16** $4000\,\mathrm{cm^3}$

17 $43008\,\mathrm{cm^3}$

18 설명 ❶ (가의 부피)$=1\times2\times2=4$,
(나의 부피)$=2\times2\times2=8$,
(다의 부피)$=3\times2\times2=12$ ❷ 가로가 2배, 3배
……가 되면 부피도 2배, 3배……가 됩니다.

19 이유 ❶ 한 밑면의 넓이를 구해서 2배를 해야 하는
데 한 밑면의 넓이만 구했습니다.
풀이 ❷ (직육면체의 겉넓이)
$=6\times2\times2+(6+2+6+2)\times3=72(\mathrm{cm^2})$
답 $72\,\mathrm{cm^2}$

20 방법1 ❶ 큰 직육면체의 부피에서 작은 직육면체
의 부피를 뺍니다.
➡ $10\times6\times2-6\times1\times2=108(\mathrm{cm^3})$
방법2 ❷ 직육면체 2개로 나누어 구합니다.
➡ $4\times6\times2+6\times5\times2=108(\mathrm{cm^3})$ 답 $108\,\mathrm{cm^3}$

21 풀이 ❶ 나무토막을 잘랐을 때 잘린 면의 넓이는
$12\times10=120(\mathrm{cm^2})$입니다. ❷ 나무토막을 한 번
자를 때마다 잘린 면 2개만큼의 겉넓이인
$120\times2=240(\mathrm{cm^2})$씩 늘어납니다. ❸ 나무토막
을 3번 잘랐으므로 (겉넓이의 차)=(늘어난 겉넓이)
$=240\times3=720(\mathrm{cm^2})$입니다. 답 $720\,\mathrm{cm^2}$

22 풀이 ❶ (벽돌의 부피)
$=12\times12\times12=1728(\mathrm{cm^3})$
❷ 늘어난 물의 높이를 □ cm라 하면
(벽돌의 부피)$=20\times18\times\square=360\times\square(\mathrm{cm^3})$이므
로 $360\times\square=1728$, $\square=4.8$입니다.
❸ 따라서 물의 높이는 $12+4.8=16.8(\mathrm{cm})$가 됩
니다. 답 $16.8\,\mathrm{cm}$

1 (정육면체의 겉넓이)=(한 면의 넓이)$\times6$
                $=36\times6=216(\mathrm{cm^2})$

참고
정육면체의 한 면의 넓이는 $36\,\mathrm{cm^2}$이고, $6\times6=36$이므
로 정육면체의 한 모서리의 길이는 $6\,\mathrm{cm}$입니다.

2 $1\,\mathrm{m^3}=1000000\,\mathrm{cm^3}$입니다.

3 (직육면체의 부피)=(가로)$\times$(세로)$\times$(높이)이므로
㉠$\times7\times4=280$, ㉠$=10$입니다.

4 ㉠ $3.2\,\mathrm{m^3}$
㉡ $1750000\,\mathrm{cm^3}=1.75\,\mathrm{m^3}$
㉢ $100\times100\times100=1000000(\mathrm{cm^3})=1(\mathrm{m^3})$
㉣ $60\,\mathrm{cm}=0.6\,\mathrm{m}$이므로 $2\times1.5\times0.6=1.8(\mathrm{m^3})$
따라서 부피가 큰 순서대로 기호를 쓰면 ㉠, ㉣, ㉡,
㉢입니다.

5 (정육면체의 부피)
$=400\times400\times400=64000000(\mathrm{cm^3})$이고
$1\,\mathrm{m^3}=1000000\,\mathrm{cm^3}$이므로
$64000000\,\mathrm{cm^3}=64\,\mathrm{m^3}$입니다.

6 직육면체의 가로를 □ cm라 하면 □$\times5=35$,
□$=7$입니다.
➡ (직육면체의 부피)$=7\times5\times8=280(\mathrm{cm^3})$

7 직육면체의 높이를 □ cm라 하면
$10\times7\times\square=560$, □$=8$입니다.
➡ (직육면체의 겉넓이)
    $=(10\times7+10\times8+7\times8)\times2=206\times2$
    $=412(\mathrm{cm^2})$

8 전개도를 접어 만들어지는 직육
면체는 오른쪽과 같습니다.
➡ (직육면체의 부피)
    $=4\times5\times6=120(\mathrm{cm^3})$

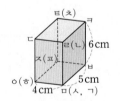

9 정육면체의 겨냥도에서 보이는 모서리는 9개이므로
(한 모서리의 길이)$=63\div9=7(\mathrm{cm})$입니다.
➡ (정육면체의 겉넓이)$=7\times7\times6=294(\mathrm{cm^2})$

10 (직육면체의 겉넓이)
$=(6\times12+6\times2+12\times2)\times2$
$=108\times2=216(\mathrm{cm^2})$
따라서 정육면체의 한 모서리의 길이를 □ cm라 하
면 □$\times\square\times6=216$, □$\times\square=36$, □$=6$입니다.

11 세 수를 곱해 48이 되도록 가로, 세로, 높이를 정합니
다. 순서가 바뀌어도 정답입니다.

12 작은 정육면체의 수는 $4 \times 4 \times 4 = 64$(개)입니다. 쌓은 정육면체 모양의 부피가 $512 \, \mathrm{cm}^3$이므로 작은 정육면체 1개의 부피는 $512 \div 64 = 8(\mathrm{cm}^3)$입니다.
따라서 $2 \times 2 \times 2 = 8$이므로 작은 정육면체의 한 모서리의 길이는 $2 \, \mathrm{cm}$입니다.

13 한 모서리의 길이가 $40 \, \mathrm{cm}$인 정육면체 모양의 상자를 가로에 $400 \div 40 = 10$(개), 세로와 높이에 각각 $200 \div 40 = 5$(개) 놓을 수 있습니다.
따라서 이 창고에는 한 모서리의 길이가 $40 \, \mathrm{cm}$인 정육면체 모양의 상자를 $10 \times 5 \times 5 = 250$(개) 쌓을 수 있습니다.

14 직육면체의 가로, 세로, 높이를 각각 ■ cm, ▲ cm, ● cm라 하면 부피는 (■ × ▲ × ●) cm^3입니다.
따라서 세 자연수의 곱이 12가 되는 경우를 알아보면 $1 \times 1 \times 12 = 12$, $1 \times 2 \times 6 = 12$, $1 \times 3 \times 4 = 12$, $2 \times 2 \times 3 = 12$로 모두 4가지입니다.

15 가장 짧은 모서리의 길이가 $16 \, \mathrm{cm}$이므로 점토를 잘라 만들 수 있는 가장 큰 정육면체의 한 모서리의 길이는 $16 \, \mathrm{cm}$입니다.
⇨ (정육면체의 겉넓이) $= 16 \times 16 \times 6$
$\qquad\qquad\qquad\qquad = 1536(\mathrm{cm}^2)$

16 담겨 있는 물의 부피는 물을 가득 채웠을 때의 물 부피의 $\dfrac{1}{2}$과 같습니다.
⇨ (담겨 있는 물의 부피)
$\qquad = 20 \times 20 \times 20 \times \dfrac{1}{2} = 4000(\mathrm{cm}^3)$

17 상자의 가로는 $100 - 8 \times 2 = 84(\mathrm{cm})$,
세로는 $80 - 8 \times 2 = 64(\mathrm{cm})$, 높이는 $8 \, \mathrm{cm}$이므로
(상자의 부피) $= 84 \times 64 \times 8 = 43008(\mathrm{cm}^3)$입니다.

18 **평가상의 유의점** 가, 나, 다의 부피를 구하여 가로와 부피와의 관계를 설명했는지 확인합니다.

단계	채점 기준	점수
❶	가, 나, 다의 부피 구하기	각 1점
❷	가로와 부피와의 관계 설명하기	2점

19 **평가상의 유의점** 잘못된 이유를 쓰고 직육면체의 겉넓이를 바르게 구했는지 확인합니다.

단계	채점 기준	점수
❶	잘못된 이유 쓰기	3점
❷	직육면체의 겉넓이 구하기	2점

20 **평가상의 유의점** 서로 다른 두 가지 방법으로 부피를 구했는지 확인합니다.

단계	채점 기준	점수
❶	큰 직육면체에서 작은 직육면체를 빼서 부피 구하기	2점
❷	직육면체 2개로 나누어 부피 구하기	3점

21 **평가상의 유의점** 나무토막을 한 번 자를 때마다 늘어나는 겉넓이를 구한 후 그 차를 구했는지 확인합니다.

단계	채점 기준	점수
❶	나무토막을 잘랐을 때 잘린 면의 넓이 구하기	1점
❷	나무토막을 한 번 자를 때마다 늘어나는 겉넓이 구하기	2점
❸	겉넓이의 차 구하기	2점

22 **평가상의 유의점** 벽돌의 부피를 이용하여 늘어난 물의 높이를 구한 후 벽돌이 물에 완전히 잠겼을 때의 물의 높이를 구했는지 확인합니다.

단계	채점 기준	점수
❶	벽돌의 부피 구하기	2점
❷	늘어난 물의 높이 구하기	2점
❸	벽돌이 물에 완전히 잠겼을 때의 물의 높이 구하기	1점

수학의고수

상위권
심화학습서

정답과 해설